汉语real口语句典

CDブック 気持ちが伝わる!
中国語
リアルフレーズ
BOOK

中西千香[著]
張一娟[中国語校閲]

研究社

はじめに

　中国語のフレーズを覚えて、ちょっとしたことから口に出して自分の気持ちが言えたら、きっと勉強も楽しくなるだろうな、という思いからこの本の執筆がはじまりました。

　本書は、日本人学習者が使いたくなる、本場の中国語母語話者も良く使うフレーズを9つのチャプターに分け、短い（文字数が少ない）順にフレーズとダイアログで1セット、合計543個を収録しました。

　ダイアログ作成にあたっては、北京第二外国語学院の張一娟先生の協力を得ました。張先生は日本語の専門家でもありますので、微妙なニュアンスも互いに議論しました。こうして、何度も吟味して出来上がったダイアログは、より楽しく覚えられるいきいきとしたものになりました。彼女には、最後まで私のそばで本書作成にご尽力いただきました。

　しかし、私と彼女だけですべて決めていくのはやはり心配です。そこで、長い友人で日本に研修で訪れていた、同じく北京第二外国語学院の呂文輝先生、北京語言大学の黄峥先生のお二人にも原稿を一通り見ていただき、忌憚のないご意見を頂戴しました。このほか、私の大事な親友たちにも、細かな表現について電話やチャットでたずねました。すべて名前をあげることはできませんが、この場を借りて感謝申し上げます。

　そして、私の指導教授である愛知大学の荒川清秀先生には、原稿が完成した時点で一通り見ていただき、ご意見を頂戴しました。テキスト作りのベテランの意見は、今回の執筆に際し大きな刺激となりました。あわせて感謝申し上げます。

　また、研究社編集部の鎌倉彩さんには、企画段階から本が完成するまで、本当にお世話になりました。この本を手にしたみなさんに、中国語をより多く覚えてもらいたい、中国語が楽しいと思ってもらいたい、私たちの気持ちは一つでした。彼女にはたくさんの感謝をしなければなりません。

　最後に、みなさんへ。これらのフレーズ、ダイアログを体にしみこませ、実際の会話で使えれば、中国語でのコミュニケーションがいっそう楽しく、スムーズになることでしょう。外国語学習を通して「通じる喜び」をたくさん感じてください。みなさんのより充実した中国語学習ライフをお祈りします。

中西千香

本書の使い方 〜より効果的な勉強方法〜

　本書は 9 つのチャプターに分けて、実際の会話でも良く使われるフレーズを、短い (文字の少ない) 順で配列しています。それぞれ、

1. 見出しフレーズ (中国語、日本語訳)
2. ダイアログ (簡体字、ピンイン、日本語訳)
3. 注釈

の順で並んでいます。どうやって勉強しようか？　という方のために、以下の勉強方法をご提案します。

◇ Step 1：　見出しフレーズだけチェック！
ひたすら見出しフレーズだけを見ていきましょう。短いフレーズをどんどん声に出して、覚えましょう。ぜひとも使いたいフレーズはチェック！

◇ Step 2：　ダイアログ全体をチェック！
ダイアログでは、見出しフレーズをどのように使うかがよりわかる仕組みになっています。ダイアログの中にも「これ、使える！」と思わせるリアルショートフレーズがたくさん隠れているので、あわせてチェック！

◇ Step 3：　新出単語をチェック！
ダイアログには、通常のテキストではなかなか見られない、でも良く使う語彙を豊富に盛り込みました。中国語ならではの言い回しや、初めての単語に出会ったら、注釈を見たり、辞書を引いたりして確認してください。

◇ Step 4：　文法事項もチェック！
文法事項もあわせて理解できれば、一層のレベルアップが期待できます。ここの"好"はどういう機能かな？　この"就"は？　この"了"は？　と意識してみてください。時には市販の中国語文法書にあたって、前進してもらえたらと思います。

◇ Step 5：　索引でさらにチェック！
巻末には、中国語 (ピンイン順)、日本語 (50 音順) の索引がついています。それぞれ眺めながら、このフレーズはどう使うんだっけ？　日本語訳は何だったっけ？　中国語でどう言うんだっけ？　と思い返してみてください。

◇ Step 6: 置き換えできる余裕を！
見出しフレーズは、あたかも固定表現のように出ていますが、実際はそうではありません。とりあえずは「まる覚え」でもかまいませんが、余裕が出てきたら、ほかの名詞、形容詞、動詞に置き換えできないかな？ と考えることも大切です。イメージをふくらませ、幅広い表現ができるようにしましょう。

CD について

CD には、 1. CD トラック番号（偶数ページの左端に表示）
2. 見出しフレーズ日本語訳
3. ダイアログ中国語

が入っています。とにかくたくさん聞いて、中国語のきれいな抑揚を感じながら、リスニング能力を鍛えてください。

　実際に声に出して発音練習することも非常に大切です。はじめ慣れないうちは、テキストのピンインを見ながら練習してください。テキストを見ながら、CD 音声とほぼ同時に（ほんの少し遅れて）声に出して読む方法（シンクロリーディング）もおすすめです。はやくてついていけないなあと思ったら、適宜 CD を一時停止してもかまいません。自分のペースで音読してください。より正しい発音でのトレーニングは、リスニング能力向上にもつながります。

　慣れてきた人は、CD だけを聞いて少し遅れてあとを追いかけたり（シャドーイング）、さまざまな方法で活用してください。読むときはなるべく CD のまねをするようにしてください。

　そして、実際の会話で、その場面に出くわしたときにさらっと言葉に出せれば、そのフレーズが自分のものとなったと言えるでしょう。

[CD ナレーション]
許　硯輝　（2008〜09 年、NHK ラジオ講座「まいにち中国語」に出演）
于　立新　（1990 年より NHK 国際放送局にてアナウンス、翻訳をつとめる。2008 年、
　　　　　NHK ラジオ講座「まいにち中国語」に出演）
鈴木加奈子　（元静岡第一テレビアナウンサー。現在はフリーランスで活動するほか、日本語教
　　　　　　師として、大学などで教鞭をとる）
[CD 収録時間]　78 分 05 秒

※なお、ご使用の機器によっては、付属 CD がうまく再生されない場合もございます。予めご了承ください。

注釈・ピンイン表記について

　注釈では、ダイアログに出てくる語彙や中国的言い回し、文法事項の説明のほか、中国的習慣の紹介をしています。適宜学習の参考にしてください。

① 述賓構造(動詞＋目的語)の語やフレーズについて
　注釈では、述賓構造の語やフレーズを「/」で区切ってあります。例えば、"打/电话(電話をする)"、"吃/饭(食事をする)"などの【動詞＋名詞】のコロケーション、また、"结/婚(結婚する)"、"洗/澡(入浴する)"のような離合詞です(※離合詞は一見、一つの動詞のように見えますが、実際は「動詞＋目的語構造」をとっています)。これらは、一定の要素が間に入ってくることがあります。注意してみてください。

② 慣用音、r化音について
　単語の中には、ネイティブスピーカーが実際に使う場合、辞書の表記とは違う、慣用音で読まれているものがあります。それについては、注釈で説明しています。
　r化音については、商務印書館『現代漢語詞典』にr化のマークがついているもの、インフォマント協力者が実際に使う場合にr化しているものは、本書でもr化して表示しています。r化は本来、北方方言の特徴でもありますので、r化を全くしないネイティブスピーカーもいます。みなさんのまわりのネイティブスピーカーが本書を見て、「これはr化しない」と言う場合もあると思いますが、地域差や個人差があるということです。

③ 結果補語のピンイン表記
　動詞の直後に現れる、結果を表す形容詞や動詞を「結果補語」といいます。結果補語は実際に軽く読まれることもあり、軽声(声調をつけない)で表記するテキストもあるくらいです。本書では本来の声調を記してありますので、どの程度軽く読まれるかは付属のCDで確認してください。また、動詞の直後の"给 gěi"や方向補語は軽く読まれるので、声調をつけてありません。

④ 感嘆詞のピンイン表記
　中国語の感嘆詞には、辞書などの場合、声調をつけて表記していますが、本書では声調をつけずに出してあります。実際にどう読むかは、付属のCDでご確認ください。

CONTENTS

はじめに……………………………………iii
本書の使い方……………………………………iv
CD について……………………………………v
注釈・ピンイン表記について………………vi

◇ Chapter 1　ベーシックフレーズ………………1
◇ Chapter 2　遊び・グルメフレーズ……………37
◇ Chapter 3　自己表現フレーズ…………………63
◇ Chapter 4　プラス表現フレーズ………………87
◇ Chapter 5　不満・辛口フレーズ………………105
◇ Chapter 6　注意・忠告フレーズ………………121
◇ Chapter 7　恋愛フレーズ………………………141
◇ Chapter 8　ビジネスフレーズ…………………157
◇ Chapter 9　応用・慣用句フレーズ……………173

中国語索引……………………………………197
日本語索引……………………………………201

CHAPTER 1
ベーシック フレーズ

あいづちや受け答えなど、どんな場面でも使える、
短くて便利なフレーズを集めました。
簡単な言葉のやりとりから、
コミュニケーションができるようになろう。

1 好啊！
Hǎo a!

▶ いいよ / OK!

A: 今天懒得做饭了，叫外卖吧。
　Jīntiān lǎnde zuòfàn le, jiào wàimài ba.

B: **好啊**。吃什么呢?
　Hǎo a. Chī shénme ne?

　A: 今日ご飯作るの面倒だな、出前をとろう。
　B: OK、何食べる？

★ "懒得 lǎnde ～" … ～するのが面倒だ。

★ "叫/外卖 jiào wàimài" … 出前をとる、デリバリーを頼む。

★ "好啊" は、相手の誘いや提案に対して、同意を示す場合に使う。

2 拿好。
Náhǎo.

▶ はい、これ。

A: 这是平安夜演唱会的票。**拿好**。
　Zhè shì Píng'ānyè yǎnchànghuì de piào. Náhǎo.

　A: これ、クリスマスイブのライブのチケット、はい。

★ "平安夜 Píng'ānyè" … クリスマスイブ。「クリスマス」は "圣诞节 Shèngdànjié"。

★ "演唱会 yǎnchànghuì" … ライブ、(歌手の)コンサート。

★ "拿好 náhǎo" の直訳は「ちゃんと持って」だが、単に物を手渡すときにもよく使う。
"好" は滞りなく物事を行うこと、話者の満足を表す結果補語。

3 就是。
Jiùshì.

▶ そうなんだよ / ほんとに。

A: 演唱会快要开始了！好激动啊。
　Yǎnchànghuì kuàiyào kāishǐ le! Hǎo jīdòng a.

B: **就是**。我激动得说不出话来了！
　Jiùshì. Wǒ jīdòngde shuōbuchū huà lai le!

　A: ライブがもうすぐ始まる！ わくわくするね。
　B: 本当に、興奮して言葉も出ない！

★ "快要 kuàiyào ～了 le" … もうすぐ～になる。

★ "好+形容詞+啊" … とても～だ。例) "好+可爱 kě'ài(かわいい)/恐怖 kǒngbù(怖い)+啊!"。

★ "就是 jiùshì" は「ごもっとも、本当に、そうなんだよ」と肯定を表す頻出のあいづち。

2　CHAPTER 1

4 干吗?
Gànmá?

▶なに？

A：干吗? 别碰我！
　　Gànmá? Bié pèng wǒ!
B：对不起，我不是故意的。
　　Duìbuqǐ, wǒ bú shì gùyì de.

　　A：何すんのよ？ さわらないで。
　　B：ごめんなさい。わざとじゃないんです。

★"干吗 gànmá"…何をするのか。"干吗〜"で「どうして〜」にもなる。
★"碰 pèng"…さわる、ぶつかる。
★"故意 gùyì"…故意に、わざと。

5 马上。
Mǎshàng.

▶今すぐ。

A：什么时候走?
　　Shénme shíhou zǒu?
B：马上。准备好了吗？
　　Mǎshàng. Zhǔnbèihǎo le ma?

　　A：いつ行くの？
　　B：すぐだよ。準備できた？

★"准备好了 zhǔnbèihǎo le"…準備ができた。"好"は結果補語。

6 是吗?
Shì ma?

▶そうなの？

A：水煮鱼可是很辣的。你能吃吗？
　　Shuǐzhǔyú kě shì hěn là de. Nǐ néng chī ma?
B：是吗? 我以为是不辣的。
　　Shì ma? Wǒ yǐwéi shì bú là de.

　　A：水煮魚って辛いんだよ。食べれる？
　　B：そうなんだ。辛くないと思ってた。

★"水煮鱼 Shuǐzhǔyú"…魚の唐辛子煮込み。
★"以为 yǐwéi"…(実際は違うのに) そう思い込む。

7 真的?
Zhēnde?
▶ 本当に？

A: 那个歌手最近红得发紫。
　　Nèige gēshǒu zuìjìn hóngde fāzǐ.

B: **真的?** 没想到他会有今天。
　　Zhēnde? Méi xiǎngdào tā huì yǒu jīntiān.

　　A: あの歌手、最近売れに売れてるんだって。
　　B: 本当？ 彼に今日という日が来るなんて思わなかった。

★ "红得发紫 hóngde fāzǐ" … "红"は「売れている、人気がある」。ここでは「赤を超えて紫になるくらい売れている」の意味。

★ "没想到 méi xiǎngdào" … 〜とは思いもしなかった。"到"は結果補語。"想不到 xiǎngbudào"とも。

8 难怪。
Nánguài.
▶ どうりで。

A: 她最近没胃口，听说有喜了。
　　Tā zuìjìn méi wèikǒu, tīngshuō yǒu xǐ le.

B: **难怪。**这就成了准妈妈了。
　　Nánguài. Zhè jiù chéngle zhǔnmāma le.

　　A: 彼女最近食欲がないと思ったら、おめでたらしいよ。
　　B: どうりで。これで彼女もプレママだね。

★ "没胃口 méi wèikǒu" …食欲がない ⇔ "胃口很好 wèikǒu hěn hǎo" …食欲が旺盛である。

★ "有喜了 yǒu xǐ le" …おめでただ。"有了"だけでも「妊娠した」という意味になる。

★ "准妈妈 zhǔnmāma" …プレママ、もうすぐママになる人。"准〜"で「もうすぐ〜になる人」という語を作る。例）"准夫人 fūren（もうすぐ奥さんになる人）"。

9 听着。
Tīngzhe.
▶聞いてなさい。

A：小王，听着。
　　Xiǎo Wáng, tīngzhe.

B：听着呢。
　　Tīngzhe ne.

　　A：王くん、聞いてなさい。
　　B：聞いてるよ。

★"小 Xiǎo ～"は自分より年下の場合につける「～ちゃん、～くん」にあたるもの。

10 没什么。
Méi shénme.
▶別に。

A：你们说什么呢？
　　Nǐmen shuō shénme ne?

B：没什么！怎么了？
　　Méi shénme! Zěnme le?

　　A：あなたたち何を話しているの？
　　B：何も。どうしたの？

11 那好啊。
Nà hǎo a.
▶それならいいね。

A：我买了新的笔记本电脑。内存大，速度也快。
　　Wǒ mǎile xīn de bǐjìběn diànnǎo. Nèicún dà, sùdù yě kuài.

B：那好啊。让我也沾沾光。
　　Nà hǎo a. Ràng wǒ yě zhānzhanguāng.

　　A：新しいノートパソコン買ったんだ。容量も大きい、速度もはやいよ。
　　B：良かったね。私にも使わせてね。

★"笔记本电脑 bǐjìběn diànnǎo"…ノートパソコン。略して"笔记本"とも。

★"内存 nèicún"…容量。

★"沾 / 光 zhānguāng"…恩恵を受ける、分け前にあずかる。

12 那倒是。
Nà dào shì.

▶ **そうだよね / そうなんですよ。**

A：老不见面，感情就淡了。你说是不是?
　　Lǎo bú jiànmiàn, gǎnqíng jiù dàn le. Nǐ shuō shì bu shì?

B：那倒是。
　　Nà dào shì.

　　A：ずっと会わないと気持ちも薄れちゃう。そう思わない？
　　B：そうだよね。

★ "老 lǎo" …ここは副詞で、「いつも」の意。
★ "就 jiù" は前の状況を受けて「～したら、～だったら」。
★ "淡 dàn" …(気持ちが) 薄れる、冷める。

13 没事儿。
Méi shìr.

▶ **大丈夫。**

A：你不是受伤了吗? 要上药吗?
　　Nǐ bú shì shòushāng le ma? Yào shàngyào ma?

B：没事儿。
　　Méi shìr.

　　A：けがしたんじゃないの？ 薬塗る？
　　B：大丈夫。

★ "受 / 伤 shòushāng" …負傷する、傷つく。
★ "上 / 药 shàngyào" …薬を塗る。目薬の点眼は "点 / 眼药水 diǎn yǎnyàoshuǐ"。

14 得了吧。
Dé le ba.

▶ **そんなわけないでしょ。**

A：听说她又开始减肥了。
　　Tīngshuō tā yòu kāishǐ jiǎnféi le.

B：得了吧。兔子的尾巴长不了。
　　Dé le ba. Tùzi de wěiba chángbuliǎo.

　　A：彼女、またダイエット始めたらしいよ。
　　B：んなわけないでしょ。続かないよ。

★ "减 / 肥 jiǎnféi" …ダイエットをする。
★ "兔子的尾巴——长不了 tùzi de wěiba——chángbuliǎo" …「兔の尻尾——長くなりっこない」＝無理だ、長続きしない。このような成句を "歇后语 xiēhòuyǔ" という。

15 不会吧。
Bú huì ba.

▶ まさか / そんなわけないよ。

A：她竟然穿着高跟鞋去爬长城。
Tā jìngrán chuānzhe gāogēnxié qù pá Chángchéng.

B：**不会吧**。真不知她是怎么想的?
Bú huì ba. Zhēn bù zhī tā shì zěnme xiǎng de?

> A：彼女なんとハイヒールを履いて万里の長城へ行ったんだよ。
> B：まさか。本当に何考えてんだか。

★"竟然 jìngrán"…意外にも、なんと、まさか。

★"高跟鞋 gāogēnxié"…ハイヒール。

★"爬 pá"…(山などに)登る。

16 不用了。
Búyòng le.

▶ けっこうです / いりません。

A：您坐这儿吧。
Nín zuò zhèr ba.

B：**不用了**。我这就下车。
Búyòng le. Wǒ zhè jiù xiàchē.

> A：ここにおかけください。
> B：けっこうです。私はもう降りますから。

★ここでの"这"は「今」を表す。「今すぐ」の意味。

★"下 / 车 xiàchē"…乗りもの(車)を降りる ⇔ "上 / 车 shàngchē"。

17 不碍事。
Bú àishì.

▶ 大丈夫。

A：很沉吧? 我来帮你拿。
Hěn chén ba? Wǒ lái bāng nǐ ná.

B：**不碍事**，不重。
Bú àishì, bú zhòng.

> A：重いでしょう。持ってあげるよ。　B：大丈夫です。重くありません。

★"沉 chén"、"重 zhòng"…重い ⇔ "轻 qīng"…軽い。

★ここの"来"は積極性を表し、「私が持ちます」というニュアンス。

★"我帮你 [您] wǒ bāng nǐ [nín] ～"…「あなたを助けて～する」、「あなたの代わりに～する」。

★"不碍事"は古風な表現。かしこまった態度で使うこともできる。

CHAPTER 1

18 没办法。
Méi bànfǎ.

▶しょうがないね / どうしようもないね。

A：电脑死机了，怎么办？
　　Diànnǎo sǐjī le, zěnmebàn?

B：**没办法**，重新开机。
　　Méi bànfǎ, chóngxīn kāijī.

　　A：パソコンがフリーズした、どうしよう。
　　B：どうしようもないね、再起動しよう。

★ "死 / 机 sǐjī" …（パソコンが）フリーズする。

★ "重新 chóngxīn" …再び、もう一度。

★ "开 / 机 kāijī" …（携帯やパソコンの）電源を入れる ⇔ "关 / 机 guānjī" …電源を切る。

19 那正好。
Nà zhèng hǎo.

▶ちょうど良かった。

A：他明天从北京飞过来。
　　Tā míngtiān cóng Běijīng fēiguolai.

B：**那正好**。我就不用去了。
　　Nà zhèng hǎo. Wǒ jiù búyòng qù le.

　　A：彼は明日飛行機で北京から来るよ。
　　B：それはちょうど良かった。だったら僕が行く必要はなくなったね。

★ "飞过来 fēiguolai" …飛行機に乗ってやってくる。

20 过奖了。
Guòjiǎng le.

▶ほめすぎですよ。

A：你的汉语真棒！
　　Nǐ de Hànyǔ zhēn bàng!

B：**过奖了**。还差得远呢。
　　Guòjiǎng le. Hái chàde yuǎn ne.

　　A：君の中国語はすごいね。　B：ほめすぎですよ。まだだめです。

★ "棒 bàng" …いい、すばらしい。

★ "过奖 guòjiǎng" …ほめすぎる。

★ "还差得远 hái chàde yuǎn" …まだ隔たりが大きい。その域には達していない。頻出の謙遜表現。

21 我交代。
Wǒ jiāodài.

▶白状するよ。

A：又来了。找借口也没用！
Yòu lái le. Zhǎo jièkǒu yě méiyòng!

B：好吧，我交代。
Hǎo ba, wǒ jiāodài.

　　A：またた゛、言い訳しても無駄よ。
　　B：わかった、白状するよ。

★"找 / 借口 zhǎo jièkǒu"…言い訳、口実を探して言う。

★"没 / 用 méiyòng"…使えない、意味がない、役に立たない ⇔ "有 / 用"…役に立つ。

★"交代 jiāodài"…説明する、釈明する。

22 知道了。
Zhīdao le.

▶わかりました / 承知しました。

A：你帮我拿一个吸管。
Nǐ bāng wǒ ná yí ge xīguǎn.

B：知道了。马上拿来。
Zhīdao le. Mǎshàng nálai.

　　A：ストローをいただけませんか。
　　B：承知しました。すぐに持ってきます。

★"你帮我 nǐ bāng wǒ 〜"…「〜してくださいませんか」の意で使う依頼表現。

★"吸管 xīguǎn"…ストロー。

23 你说呢？
Nǐ shuō ne?

▶どう思う？

A：总靠和女孩子交往打发时间，我觉得没意思。**你说呢？**
Zǒng kào hé nǚháizi jiāowang dǎfa shíjiān, wǒ juéde méi yìsi. Nǐ shuō ne?

B：我不觉得有什么不好的。
Wǒ bù juéde yǒu shénme bù hǎo de.

　　A：いつも女の子と遊んで時間つぶすなんて、面白くないと思うけど。どう思う？
　　B：僕は別に悪いとも思わないけどね。

★"靠 kào" … 〜をよりどころにする、〜による。

★"和 hé [跟 gēn] 〜交往 jiāowang" … 〜と付き合う、交際する。異性、同性ともに使える。

★"打发 / 时间 dǎfa shíjiān" …時間をつぶす。

CHAPTER 1

24 好像是。
Hǎoxiàng shì.

▶おそらく / たぶんね。

A：教室里没人吧。
　　Jiàoshì li méi rén ba.

B：**好像是**。灯都没亮。
　　Hǎoxiàng shì. Dēng dōu méi liàng.

　　A：教室には誰もいないよね。
　　B：たぶんね。明かりもついてないし。

★ここの"**都**"は「〜でさえ、〜ですら」、"**连** lián 〜**都**〜"の"**连**"が省略された形。
★"亮 liàng"…ここは動詞で、「光る」の意。形容詞「明るい」としても使う。

25 无所谓。
Wúsuǒwèi.

▶何でもいいよ / 気にしないよ。

A：我们吃点儿什么?
　　Wǒmen chī diǎnr shénme?

B：**无所谓**。我不挑食。
　　Wúsuǒwèi. Wǒ bù tiāoshí.

　　A：何か食べようか？
　　B：何でもいいよ。好き嫌いないから。

★"点儿 diǎnr"…"一点儿"と同じ。"一"はよく省略される。
★"挑 / 食 tiāoshí"…偏食をする。

26 我认输。
Wǒ rènshū.

▶降参するよ / お手上げだよ。

A：你已经没有退路了。认输吧。
　　Nǐ yǐjīng méi yǒu tuìlù le. Rènshū ba.

B：好吧。**我认输**。
　　Hǎo ba. Wǒ rènshū.

　　A：もう逃げ道はなくなったよ。降参したら。
　　B：わかった。降参するよ。

★"退路 tuìlù"…逃げ道。
★"认 / 输 rènshū"…負けを認める、降参する。

10　CHAPTER 1

27 然后呢?
Ránhòu ne?
▶ **それから（どうなったの）？**

A：我昨天跟他吵架了。
Wǒ zuótiān gēn tā chǎojià le.

B：**然后呢?**
Ránhòu ne?

A：气得我哭了一场。
Qìde wǒ kūle yì cháng.

　　A：昨日彼と喧嘩したの。
　　B：それから？
　　A：腹が立ってひとしきり泣いちゃった。

★ "跟 gēn [和 hé]〜吵/架 chǎojià"…〜と口喧嘩する。
★ "气 qì"…腹が立つ、かんしゃくを起こす。
★ "场 cháng"…「ひとしきり」を表す量詞。

28 不见得。
Bújiànde.
▶ **そうでもないよ。**

A：留学是提高汉语水平的最好途径。
Liúxué shì tígāo Hànyǔ shuǐpíng de zuì hǎo tújìng.

B：**不见得。** 从网上也能学到不少东西。
Bújiànde. Cóng wǎngshang yě néng xuédào bù shǎo dōngxi.

　　A：留学は中国語のレベルを上げる最も良い方法だ。
　　B：そうかな。インターネットからもたくさんのことを学べるよ。

★ "提高 tígāo 〜水平 shuǐpíng"…〜のレベルを上げる。
★ "途径 tújìng"…道、ルート、手段。
★ "网上 wǎngshang"…インターネット上。「インターネットをする」は "上/网 shàngwǎng"。
★ "不少 bù shǎo"…「少なくない」ではなく「たくさん」を表す。中国語では、反対の意味の語の否定形によって、肯定の意味を強調することが多い。例）"记性不大，忘性不小。Jìxing bú dà, wàngxing bù xiǎo.（とにかく物覚えが悪い）"。

29 猜猜看。
Cāicai kàn.

▶当ててごらん。

A：你今年多大了?
　　Nǐ jīnnián duōdà le?
B：**猜猜看。**
　　Cāicai kàn.
A：有三十岁吗?
　　Yǒu sānshí suì ma?

　　A：今年いくつ?
　　B：当ててごらん。
　　A：30はいってる?

★"VV 看"…～してごらん。例)"比比看 bǐbi kàn（比べてみよう）"、"试试看 shìshi kàn（試してごらん）"。

30 你答对了。
Nǐ dáduì le.

▶正解！／ピンポーン！

A：中国的直辖市都有哪几个?
　　Zhōngguó de zhíxiáshì dōu yǒu nǎ jǐ ge?
B：四个。北京、天津、上海、重庆。
　　Sì ge. Běijīng, Tiānjīn, Shànghǎi, Chóngqìng.
A：**你答对了。**
　　Nǐ dáduì le.

　　A：中国の直轄市は全部でいくつでどこがあるでしょう?
　　B：4つで、北京と天津と上海と重慶。
　　A：正解です。

★"答对了 dáduì le"…回答して、それが正解であった。"对"は結果補語。テレビ番組では「正解」は"正确 zhèngquè（正解、そのとおり）"とも。「不正解」は"答错了 dácuò le"。

31 我想是吧。
Wǒ xiǎng shì ba.

▶ そうだね。

A：看这样子，明天可能要降温。
　　Kàn zhèyàngzi, míngtiān kěnéng yào jiàngwēn.
B：我想是吧。
　　Wǒ xiǎng shì ba.

　　A：これじゃ、明日は冷え込むね。
　　B：そうだね。

★ "降/温 jiàngwēn" …気温が下がる。

32 应该是吧。
Yīnggāi shì ba.

▶ そのはずだけど。

A：这算是地道的日本餐厅吗?
　　Zhè suàn shì dìdao de Rìběn cāntīng ma?
B：应该是吧。就是这种氛围。
　　Yīnggāi shì ba. Jiù shì zhèi zhǒng fēnwéi.

　　A：これが本場の日本料理店なの？
　　B：そのはずだけど。こんな雰囲気だよ。

★ "地道 dìdao" …本場の、本物の。
★ この "就" は「ほかでもなく、まさに」の意。
★ "氛围 fēnwéi" …雰囲気。

33 来得正好。
Láide zhèng hǎo.

▶ いいところに来たね。

A：来得正好。我正找你呢。
　　Láide zhèng hǎo. Wǒ zhèng zhǎo nǐ ne.
B：好事还是坏事?
　　Hǎoshì háishi huàishì?

　　A：いいところに来たね。君に用があったんだよ。
　　B：いいこと？ それとも悪いこと？

CHAPTER 1　13

CD 07

34 不怎么样。
Bù zěnmeyàng.

▶それほどでもない。

A：每次看他的博客都觉得很搞笑！你说呢?
　　Měicì kàn tā de bókè dōu juéde hěn gǎoxiào! Nǐ shuō ne?

B：**不怎么样。**
　　Bù zěnmeyàng.

　　A：彼のブログいつ見てもおもしろいね。どう思う？
　　B：それほどでもないよ。

★ "博客 bókè" …ブログ。
★ "搞笑 gǎoxiào" …笑える、可笑しい。

35 马马虎虎。
Mǎmǎhūhū.

▶まあまあだよ。

A：最近怎么样？还好吗？
　　Zuìjìn zěnmeyàng? Hái hǎo ma?

B：**马马虎虎。**没什么变化。
　　Mǎmǎhūhū. Méi shénme biànhuà.

　　A：最近どうですか？ 元気ですか。
　　B：なんとかね。別に変わりないよ。

36 一般般吧。
Yìbānbān ba.

▶普通だよ。

A：你的老公帅吗？
　　Nǐ de lǎogōng shuài ma?

B：**一般般吧。**掉在人堆里找不着。
　　Yìbānbān ba. Diàozài rénduī li zhǎobuzháo.

　　A：君のだんなさん、かっこいい？
　　B：普通。人込みにまぎれたらわからないくらいよ。

★ "老公 lǎogōng" …夫、だんなさん ⇔ "老婆 lǎopo" …妻、奥さん。
★ ここでの "掉在～" は「～に放り込んだら」のニュアンス。
★ "人堆里 rénduī li" …人の群れの中、人込みの中。

37 过来一下。
Guòlai yíxià.
▶ ちょっと来て。

A：**过来一下**，我有话跟你说。
　Guòlai yíxià, wǒ yǒu huà gēn nǐ shuō.
B：什么事儿?
　Shénme shìr?
　　A：ちょっと来て、話があるんだけど。
　　B：何の用？

★ "跟 gēn [和 hé] ～说 shuō" … ～に話す、～に言う。"说"の後ろには話題、内容のみが来て、話をする相手は"跟"の後ろに来る。

38 不一定吧。
Bù yídìng ba.
▶ そうとは限らないよ。

A：要是告诉他的话，他肯定要生气。
　Yàoshi gàosu tā de huà, tā kěndìng yào shēngqì.
B：**不一定吧**。好好说说看。
　Bù yídìng ba. Hǎohāo shuōshuo kàn.
　　A：もし彼に伝えたらきっと怒るよ。
　　B：そうとは限らないでしょう。まあ話してみたら。

★ "肯定 kěndìng" …間違いなく、きっと、疑いなく。
★ ここの"要生气 yào shēngqì"の"要"は、「そうなるだろう」という未来の可能性を表す。

39 那倒不是。
Nà dào bú shì.
▶ それが違うの。

A：这么说，你们马上就要结婚了。
　Zhème shuō, nǐmen mǎshàng jiùyào jiéhūn le.
B：**那倒不是**，还得考验考验。
　Nà dào bú shì, hái děi kǎoyànkaoyan.
　　A：ということは、君たちもうすぐ結婚するわけだ。
　　B：それが違うのよ。まだまだ品定めしないと。

★ "得 děi" … ～しなければならない。
★ "考验 kǎoyàn" …試す。

CHAPTER 1　15

CD 08

40 请问一下。
Qǐngwèn yíxià.

▶ **すみません / お聞きしたいのですが。**

A：请问一下。有没有这本书?
　　Qǐngwèn yíxià. Yǒu méi yǒu zhèi běn shū?

B：请稍等，我帮您查一下。
　　Qǐng shāo děng, wǒ bāng nín chá yíxià.

　　A：すみません。この本はありますか。
　　B：少々お待ちください。お調べします。

★ "稍 shāo" …少し、ちょっと。
★ "查 chá" …調べる。例えば、「辞書をひく」は "查 / 词典 chá cídiǎn"。

41 就这么办。
Jiù zhème bàn.

▶ **そうしよう。**

A：明天我下班有点儿晚。
　　Míngtiān wǒ xiàbān yǒudiǎnr wǎn.

B：那我们就八点开始吧。
　　Nà wǒmen jiù bā diǎn kāishǐ ba.

A：好哇，**就这么办。**
　　Hǎo wa, jiù zhème bàn.

　　A：明日、帰りがちょっと遅いんだ。
　　B：じゃ、8時からにしようか。
　　A：そうだね、そうしよう。

42 说的也是。
Shuō de yě shì.

▶ **それもそうだね。**

A：好久没见了，一起聚聚吧。
　　Hǎojiǔ méi jiàn le, yìqǐ jùju ba.

B：**说的也是。**
　　Shuō de yě shì.

　　A：ずいぶん会ってないね、一緒に集まろうか。
　　B：それもそうだね。

★ "聚 jù" …集まる。「集まり」は "聚会 jùhuì"。

16　CHAPTER 1

43 不至于吧。
Bú zhìyú ba.
▶まさか。

A：我真不想跟他过了。
　　Wǒ zhēn bù xiǎng gēn tā guò le.
B：不至于吧。
　　Bú zhìyú ba.

　　A：本当に彼とはやっていけない。
　　B：まさか。

★ "跟 gēn 〜过（日子）guò(rìzi)" … 〜と生活をする。
★ "至于 zhìyú" …（ある段階に）至る、なる。"不至于"で「そんなことにはならない」。

44 你在听吗？
Nǐ zài tīng ma?
▶聞いてる？

A：喂……我说，你在听吗？
　　Wei …… wǒ shuō, nǐ zài tīng ma?
B：不好意思，开小差儿了。
　　Bù hǎoyìsi, kāi xiǎochāir le.

　　A：ねぇ、あのね、聞いてる？
　　B：ごめん、ほかのこと考えてた。

★ "开/小差儿 kāi xiǎochāir" …別のことを考える。

45 你觉得呢？
Nǐ juéde ne?
▶君はどう思う？

A：哈尔滨的冰灯节别具特色。你觉得呢？
　　Hā'ěrbīn de Bīngdēngjié bié jù tèsè. Nǐ juéde ne?
B：你说得很对！今年寒假去看看吧。
　　Nǐ shuōde hěn duì! Jīnnián hánjià qù kànkan ba.

　　A：ハルピンの氷祭りはとりわけすばらしい、どう思う？
　　B：全くそのとおりだよ。今年の冬休みに見に行こう。

★ "别具特色 bié jù tèsè" …とりわけ特色がある。
★ "冰灯节 Bīngdēngjié" …氷祭り。毎年春節の前後に行われている。
★ "寒假 hánjià" …冬休み。ちなみに「夏休み」は"暑假 shǔjià"。

CHAPTER 1

46 我听你的。
Wǒ tīng nǐ de.
▶言うとおりにするよ。

A：你听我的还是我听你的?
　　Nǐ tīng wǒ de háishi wǒ tīng nǐ de?

B：我听你的，行了吧?
　　Wǒ tīng nǐ de, xíng le ba?

　　A：私の言うとおりにする？ それともあなたの言うとおりにする？
　　B：君の言うとおりにするよ、それでいいでしょ？

★ "听 tīng ～的 de" … ～の言うとおりにする。

47 我想也是。
Wǒ xiǎng yě shì.
▶私もそう思う。

A：这两起事件，我看是同一个人干的。
　　Zhè liǎng qǐ shìjiàn, wǒ kàn shì tóng yí ge rén gàn de.

B：我想也是。
　　Wǒ xiǎng yě shì.

　　A：この２つの事件、同じ人がやったと思うんだ。
　　B：私もそう思う。

★ "起 qǐ" …事件を数える量詞。

48 你也一样。
Nǐ yě yíyàng.
▶君も同じだよ。

A：不要总熬夜，多保重啊！
　　Búyào zǒng áoyè, duō bǎozhòng a!

B：你也一样。
　　Nǐ yě yíyàng.

　　A：いつも徹夜してたらだめだよ、体大事にしないと。
　　B：君も同じだよ。

★ "总 zǒng" …いつも。
★ "熬 / 夜 áoyè" …夜更かしする＝より口語的な表現で "开 / 夜车 kāi yèchē" とも。
★ "保重 bǎozhòng" …体を大事にする。

49 待会儿见。
Dāi huǐr jiàn.
▶あとでね。

A：我先去一下办公室，回头再说。
　　Wǒ xiān qù yíxià bàngōngshì, huítóu zài shuō.

B：待会儿见。
　　Dāi huǐr jiàn.

　　A：とりあえず、オフィスに行ってくるから、あとでね。
　　B：あとでね。

★"办公室 bàngōngshì"…オフィス、事務室。

50 你们聊吧。
Nǐmen liáo ba.
▶お話してて。

A：你们聊吧。我先走了。
　　Nǐmen liáo ba. Wǒ xiān zǒu le.

B：好吧，我就不留你了。有空再聊。
　　Hǎo ba, wǒ jiù bù liú nǐ le. Yǒu kòng zài liáo.

　　A：お話してて。私はお先に。
　　B：うん、どうぞ行って。また話そうね。

★"聊 liáo"…おしゃべりする。「雑談する、チャットをする」は"聊 / 天儿 liáotiānr"。
★"留 liú"…引き止める。

51 说出来吧。
Shuōchulai ba.
▶話してごらん。

A：有些事憋在心里真难受。
　　Yǒu xiē shì biēzài xīnli zhēn nánshòu.

B：说出来吧。
　　Shuōchulai ba.

　　A：心に秘めてるのもつらいことがあって。
　　B：話してごらんよ。

★"憋 biē"…抑える、我慢する、こらえる。「こらえられない」は"憋不住 biēbuzhù"。
★"难受 nánshòu"…つらい、苦しい、やりきれない。
★この"说出来 shuōchulai"は単なる「話す」ではなく、「打ち明ける」ニュアンス。

CHAPTER 1　19

52 什么来着?
Shénme láizhe?

▶何だったっけ？

A：你找我有什么事?
　Nǐ zhǎo wǒ yǒu shénme shì?

B：**什么来着?** ……啊，对了，是这样……。
　Shénme láizhe? …… A, duì le, shì zhèyàng …….

　　A：私に何の用？
　　B：何だったっけ？ あ、そうそう、こういうことなんだ…。

★"来着 láizhe" …文末に置き、「～だっけ」という回想を表す。

53 哪儿的话。
Nǎr de huà.

▶とんでもない / いえいえ。

A：多亏你，我才有今天的成功。
　Duōkuī nǐ, wǒ cái yǒu jīntiān de chénggōng.

B：**哪儿的话。**
　Nǎr de huà.

　　A：あなたのおかげで今日の成功があるんです。
　　B：とんでもない。

★"多亏 duōkuī" … ～のおかげ。
★ここの"才"は「～してこそ、はじめて…」の意味。
★"哪儿的话 nǎr de huà" = "哪里哪里 nǎli nǎli"。

54 有话直说！
Yǒu huà zhí shuō!

▶話があるならはっきり言って。

A：其实，我是想说……。
　Qíshí, wǒ shì xiǎng shuō …….

B：**有话直说！**没关系的。
　Yǒu huà zhí shuō! Méi guānxi de.

　　A：実は、あのね…。
　　B：話があるならはっきり言って！ 大丈夫だから。

★"其实 qíshí" …実は、実のところは、実際は。
★"直 zhí" …はっきりと、率直に、正直に。

55 是又怎样？
Shì yòu zěnyàng?

▶それがどうしたって言うんだ。

A：你是不是又要去喝酒？
　　Nǐ shì bu shì yòu yào qù hē jiǔ?

B：**是又怎样？** 少管我！
　　Shì yòu zěnyàng? Shǎo guǎn wǒ!

　　A：あなたまた飲みに行くわけ？
　　B：それがどうしたって言うんだ。ほっといてよ。

★ "少 shǎo～" …動詞の前に来て「～するな」という禁止を表す。
★ "管 guǎn" …かまう、世話をする。

56 随你的便！
Suí nǐ de biàn!

▶好きにしたらいい。

A：我想再确认一下她现在是怎么想的。
　　Wǒ xiǎng zài quèrèn yíxià tā xiànzài shì zěnme xiǎng de.

B：**随你的便！**
　　Suí nǐ de biàn!

　　A：彼女が今どう考えているか、僕はもう一度確認したい。
　　B：好きにしたらいいよ。

★ "确认 quèrèn" …確認する。
★ "随/便 suíbiàn" …好きにする、勝手気ままである。"随～的便"で「～の好きにさせる」。

57 彼此彼此。
Bǐcǐ bǐcǐ.

▶お互いね。

A：路上小心！注意色狼！
　　Lùshang xiǎoxīn! Zhùyì sèláng!

B：**彼此彼此。**
　　Bǐcǐ bǐcǐ.

　　A：道中気をつけて、痴漢に気をつけて。
　　B：お互いね。

★ "小心 xiǎoxīn" …気をつける。
★ "色狼 sèláng" …エッチな人、ここでは「痴漢」の意味。ちなみに「痴漢に間違えられないようにね」と言うなら "小心被人当成色狼。Xiǎoxīn bèi rén dàngchéng sèláng."。

58 那也不是。
Nà yě bú shì.

▶それも違うの。

A：你是不是打算当一辈子老姑娘?
　Nǐ shì bu shì dǎsuàn dāng yíbèizi lǎogūniang?

B：那也不是。没找到合适的。
　Nà yě bú shì. Méi zhǎodào héshì de.

　　A：一生独身でいるつもり?
　　B：それも違うの。いい人が見つからないの。

★"一辈子 yíbèizi" …一生、一生涯。「半生」は"半辈子 bànbèizi"。
★"老姑娘 lǎogūniang" …独身の女性 ⇔"光棍儿 guānggùnr" …独身の男性。ちなみに11月11日は"光棍儿节"＝(男性の)独身の日。
★"找到 zhǎodào" …見つける、見つかる。"到"は結果補語。

59 你美什么?
Nǐ měi shénme?

▶何うれしそうにしてるの？

A：你美什么?
　Nǐ měi shénme?

B：今天有个帅哥约我去海洋馆。
　Jīntiān yǒu ge shuàigē yuē wǒ qù hǎiyángguǎn.

　　A：何うれしそうにしてるの？
　　B：今日イケメンが私を水族館に連れて行ってくれるの。

★ここの"美 měi"は「得意になる、誇らしげにしている」の意味。
★"帅哥 shuàigē" …イケメン。"帅"は「(男性が)かっこいい、イケてる」⇔"靓女 liàngnǚ" …美女。
★"约 yuē" …約束する。ここは「誘う」意味で、後ろは兼語式をとっている。
★"海洋馆 hǎiyángguǎn" …水族館。

22　CHAPTER 1

60 果然没错。
Guǒrán méi cuò.

▶やっぱり間違いなかった。

A：她是你妈妈吧?
Tā shì nǐ māma ba?

B：是啊。你怎么知道?
Shì a. Nǐ zěnme zhīdao?

A：**果然没错。**一看就知道。长得很像。
Guǒrán méi cuò. Yí kàn jiù zhīdao. Zhǎngde hěn xiàng.

　A：あの人、君のお母さんでしょ？
　B：そうよ、何でわかるの？
　A：やっぱり間違いなかった。一目見ればわかるよ。とっても似てるから。

★ "果然 guǒrán" …案の定、やっぱり。
★ "一 yī ～就 jiù ～" … ～するとすぐに～。
★ "长得 zhǎngde ～" …（顔だちが）～である。例）"长得很漂亮 zhǎngde hěn piàoliang（とても美しい）"。
★ "像 xiàng" … ～に似ている、～みたいだ。

61 我正想着呢。
Wǒ zhèng xiǎngzhe ne.

▶考えてるところだよ。

A：你说咱们到底上哪里去happy?
Nǐ shuō zánmen dàodǐ shàng nǎli qù happy?

B：**我正想着呢。**
Wǒ zhèng xiǎngzhe ne.

　A：私たち、いったいどこに行ったらハッピーになれるかな？
　B：ちょうどそれを考えてるところだよ。

★ "到底 dàodǐ" …いったい、そもそも。
★ 中国語の中に英語を入れた会話は若者の間で用いられている。例）"这是今年冬天最 IN 的裙子。Zhè shì jīnnián dōngtiān zuì IN de qúnzi.（これはこの冬一番流行のスカートなんだ）""给你 SHOW 一下。Gěi nǐ SHOW yíxià.（見せてあげよう）"。

62 欸，听说了吗？
Ei, tīngshuō le ma?

▶ね、聞いた？

A：欸，听说了吗？她又离婚了。
　　Ei, tīngshuō le ma? Tā yòu líhūn le.

B：什么？又离了？不会吧。
　　Shénme? Yòu lí le? Bú huì ba.

　　A：ね、聞いた？彼女また離婚したって。
　　B：え？また？んなわけないでしょう。

★ "听说了吗？ tīngshuō le ma?" は「人づてに聞きましたか？」の意味。

63 我有话要说。
Wǒ yǒu huà yào shuō.

▶話があるんだけど。

A：我有话要说。
　　Wǒ yǒu huà yào shuō.

B：好啊，来，慢慢说。
　　Hǎo a, lái, mànmān shuō.

　　A：話があるんだけど。
　　B：いいよ、どうぞ、まあ話して。

64 完全没问题。
Wánquán méi wèntí.

▶全然 OK だよ / 全くかまわないよ。

A：那我去你家住两天好吗？
　　Nà wǒ qù nǐ jiā zhù liǎng tiān hǎo ma?

B：完全没问题。
　　Wánquán méi wèntí.

　　A：じゃあ、君んちに何日か泊まりに行ってもいい？
　　B：全然 OK だよ。

★ "两天 liǎng tiān" …ここでは「2 日間」ではなく、「数日」という概数を表す。

65 那就这样吧。
Nà jiù zhèyàng ba.

▶じゃそういうことで。

A：下星期我再找你，行吧?
　　Xià xīngqī wǒ zài zhǎo nǐ, xíng ba?

B：行，那就这样吧。
　　Xíng, nà jiù zhèyàng ba.

　　A：来週また来ますね。いいですか。
　　B：いいよ、じゃあそういうことで。

★ "那就这样吧" は、電話を切る前にも良く使う。

66 这还用问哪。
Zhè hái yòng wèn na.

▶聞くまでもないよ。

A：你看，那个人是男的还是女的?
　　Nǐ kàn, nèige rén shì nánde háishi nǚde?

B：这还用问哪。当然是女的！
　　Zhè hái yòng wèn na. Dāngrán shì nǚde!

　　A：ねえ、あの人男の人？ それとも女の人？
　　B：そんなこと聞くまでもないよ。当然女でしょ。

★ "男 nán" や "女 nǚ" は、単独では使えない。"男的"、"男人"、"女的"、"女人" のようになる。

67 这个不好说。
Zhèige bù hǎo shuō.

▶それは何とも言えない。

A：你孩子能考上哪个大学?
　　Nǐ háizi néng kǎoshàng něige dàxué?

B：这个不好说。
　　Zhèige bù hǎo shuō.

　　A：あなたのお子さんはどの大学に受かるかしら。
　　B：それは何とも言えないな。

★ "考上 kǎoshàng" …受かる。"上" は付着、到達を表す結果補語。
★ "不好 V" で「～しにくい、～しづらい」。ここでは「うまく言えない、言いにくい」。

CHAPTER 1　25

68 不用多说吧。
Búyòng duō shuō ba.

▶ **これ以上言う必要ないでしょ。**

A：这么简单的道理，**不用多说吧。**
　　Zhème jiǎndān de dàolǐ, búyòng duō shuō ba.

B：当然得说，不然不明白。
　　Dāngrán děi shuō, bùrán bù míngbai.

　　A：こんな簡単な理屈、これ以上言う必要ないでしょ。
　　B：もちろん言ってくれないと、じゃないとわからないよ。

★ "不然 bùrán" …さもなくば、そうでないと。"要不然" とも。

69 我又说错了。
Wǒ yòu shuōcuò le.

▶ **また言い間違えました。**

A：不好意思，**我又说错了。**
　　Bù hǎoyìsi, wǒ yòu shuōcuò le.

B：说错了没关系。
　　Shuōcuò le méi guānxi.

　　A：すみません、また言い間違えました。
　　B：間違えても大丈夫。

★ "V 错了 cuò le" … 〜し間違えた。"错" は結果補語。

70 我说的是你。
Wǒ shuō de shì nǐ.

▶ **君のこと言ってるんだよ。**

A：别让我头疼。**我说的是你。**明白吗？
　　Bié ràng wǒ tóuténg. Wǒ shuō de shì nǐ. Míngbai ma?

B：啊，是吗？我怎么没发现。
　　A, shì ma? Wǒ zěnme méi fāxiàn.

　　A：頭の痛いことしないでくれる？ 君のこと言ってるんだよ。わかってる？
　　B：え、そうなの？ 何で気がつかなかったんだろう。

★ "头疼 tóuténg" …頭が痛い、困る、うんざりする。

★ "发现 fāxiàn" …気づく、見つける。

71 不是这样的。
Bú shì zhèyàng de.

▶そんなんじゃないんです。

A：不是这样的。
Bú shì zhèyàng de.

B：那，应该是怎样的?
Nà, yīnggāi shì zěnyàng de?

　　A：そんなんじゃないんですよ。
　　B：じゃあ、どんなんなわけ？

72 你怎么知道?
Nǐ zěnme zhīdao?

▶どうして知ってるの？

A：你今天逃课了吧?
Nǐ jīntiān táokè le ba?

B：你怎么知道?
Nǐ zěnme zhīdao?

　　A：今日授業サボったでしょう。
　　B：どうして知ってるの？

★ "逃 / 课 táokè" …授業をサボる。"旷 / 课 kuàngkè" とも。

73 回头再说吧。
Huítóu zài shuō ba.

▶あとでね。

A：回头再说吧。
Huítóu zài shuō ba.

B：又回头? 都回了几次头了?
Yòu huítóu? Dōu huíle jǐ cì tóu le?

　　A：あとでね。
　　B：また？ もう何回あとでって言うの？

★ "都回了几次头了 dōu huíle jǐ cì tóu le" …"回 / 头" は「振り返る」、直訳は「もう何回振り返ったか」。

74 谁告诉你的?
Shéi gàosu nǐ de?

▶誰に聞いたの？

A：我知道他们闹矛盾的前因后果。
　　Wǒ zhīdao tāmen nào máodùn de qián yīn hòu guǒ.

B：谁告诉你的?
　　Shéi gàosu nǐ de?

　　A：彼らがもめてる経緯を知ってるよ。
　　B：誰に聞いたの？

★ "闹 / 矛盾 nào máodùn" …もめごとを起こす、対立する、喧嘩する。

★ "前因后果 qián yīn hòu guǒ" …ことのいきさつ、経緯。

★ "谁告诉你的？" …直訳は「誰があなたに伝えたの？」。

75 出什么事了?
Chū shénme shì le?

▶何が起きたの？

A：出什么事了? 你怎么了?
　　Chū shénme shì le? Nǐ zěnme le?

B：我的信用卡丢了！
　　Wǒ de xìnyòngkǎ diū le!

　　A：何が起きたの？ どうしたの？
　　B：私のクレジットカードがない！

★ "出 / 事 chūshì" …事故が起きる、何事か起きる。

★ "信用卡 xìnyòngkǎ" …クレジットカード。

★ "丢 diū" …(モノを) なくす。

76 顺便说一声。
Shùnbiàn shuō yì shēng.

▶ついでに言っとくけど。

A：顺便说一声，快点儿还我那一万日元。
　　Shùnbiàn shuō yì shēng, kuài diǎnr huán wǒ nà yíwàn Rìyuán.

B：今天没带那么多，下次吧。
　　Jīntiān méi dài nàme duō, xiàcì ba.

　　A：ついでに言っとくけど、早く例の一万円返してくれない？
　　B：今日はそんなにたくさん持ってない、今度ね。

★ "顺便 shùnbiàn" …ついでに。

★ "下次 xiàcì" …次回。「前回」は "上次 shàngcì"、「今回」は "这次 zhèicì"。

77 实话对你说。
Shíhuà duì nǐ shuō.
▶実を言うと。

A：实话对你说，我是在装病。
　Shíhuà duì nǐ shuō, wǒ shì zài zhuāngbìng.
B：啊！太过分了！
　A! Tài guòfèn le!

　　A：本当のこと言うと、仮病使ってるの。
　　B：え！ひどいよ。

★"装/病 zhuāngbìng"…仮病を使う。"装"は「ふりをする、装う」の意。
★"过分 guòfèn"…行きすぎている、度を越している。

78 你这是干吗？
Nǐ zhè shì gànmá?
▶何のつもり？

A：你这是干吗？
　Nǐ zhè shì gànmá?
B：一点儿小意思，请您尝尝鲜。
　Yìdiǎnr xiǎoyìsi, qǐng nín chángchangxiān.

　　A：これ何のつもり？
　　B：ほんの気持ちです。旬のものを食べていただきたくて。

★"尝/鲜 chángxiān"…旬のものを味わう。

79 说给我听听。
Shuōgei wǒ tīngting.
▶聞かせてちょうだい。

A：这事太复杂。说来话长。
　Zhèi shì tài fùzá. Shuōlai huà cháng.
B：说给我听听。
　Shuōgei wǒ tīngting.

　　A：このことはとても複雑で話すと長くなるよ。
　　B：聞かせてちょうだいよ。

★"说来 shuōlai"…話してみると＝"说起来 shuōqilai"。"说来话长 shuōlai huà cháng"で「話せば長くなる」。

80 信不信由你。
Xìn bu xìn yóu nǐ.

▶**信じるかどうかは君次第だけど。**

A：我昨天看到飞碟了，还有外星人！
　　Wǒ zuótiān kàndào fēidié le, hái yǒu wàixīngrén!
B：真的!? 开玩笑吧。
　　Zhēnde!? Kāi wánxiào ba.
A：**信不信由你。**
　　Xìn bu xìn yóu nǐ.

　　A：昨日 UFO 見たんだ。それに宇宙人も！
　　B：本当に？ 冗談でしょう。
　　A：信じるかどうかは君次第だけど。

★ "飞碟 fēidié" …UFO。
★ "外星人 wàixīngrén" …宇宙人。
★ "开 / 玩笑 kāi wánxiào" …冗談を言う。

81 随便说说嘛。
Suíbiàn shuōshuo ma.

▶**言ってみただけ。**

A：他如果还有其他喜欢的女孩子，该怎么办？
　　Tā rúguǒ hái yǒu qítā xǐhuan de nǚháizi, gāi zěnme bàn?
B：不可能吧。
　　Bù kěnéng ba.
A：**随便说说嘛。**
　　Suíbiàn shuōshuo ma.

　　A：彼にもしほかに好きな女の子がいたらどうしよう？
　　B：そんなことないでしょう。
　　A：言ってみただけだよ。

★「～してるだけ」という場合、"随便 VV"は便利。例）"随便问问嘛 suíbiàn wènwen ma（聞いてみただけだよ）"。

82 不总是这样。
Bù zǒngshì zhèiyàng.

▶ いつもではないよ。

A：你总是买这么高档次的东西吗？
Nǐ zǒngshì mǎi zhème gāo dàngcì de dōngxi ma?

B：不总是这样。
Bù zǒngshì zhèiyàng.

　A：いつもそんな高いもの買ってるの？
　B：いつもではないよ。

★ "高档次 gāo dàngcì" …高級、高レベル。

83 我想可能是吧。
Wǒ xiǎng kěnéng shì ba.

▶ たぶんそうだと思う。

A：那个歌手好像在假唱吧。
Nèi ge gēshǒu hǎoxiàng zài jiǎchàng ba.

B：我想可能是吧。
Wǒ xiǎng kěnéng shì ba.

　A：あの歌手、どうも口パクだよ。
　B：私もおそらくそうだと思う。

★ "假/唱 jiǎchàng" …口パクで歌う。

84 我可没那么说。
Wǒ kě méi nàme shuō.

▶ そうは言ってないよ。

A：你的意思是说不要孩子？
Nǐ de yìsi shì shuō bú yào háizi?

B：我可没那么说。只是想先享受一下二人世界。
Wǒ kě méi nàme shuō. Zhǐ shì xiǎng xiān xiǎngshòu yíxià èr rén shìjiè.

　A：それって子供がいらないってこと？
　B：そうは言ってない。とりあえず、2人の世界を味わいたいだけ。

★ "享受 xiǎngshòu" …享受する、味わい楽しむ。

85 有话好好儿说。
Yǒu huà hǎohāor shuō.

▶話があるならちゃんと言って。

A：我不干了。我辞职！
　　Wǒ bú gàn le. Wǒ cízhí!

B：别呀，**有话好好儿说。**
　　Bié ya, yǒu huà hǎohāor shuō.

　　A：もうやめた。仕事やめる！
　　B：だめよ。話があるならちゃんと言ってごらん。

★"辞/职 cízhí"…仕事をやめる、退職する。

86 我不这么认为。
Wǒ bú zhème rènwéi.

▶そうは思わないよ。

A：你说是不是应该撤他的职?
　　Nǐ shuō shì bu shì yīnggāi chè tā de zhí?

B：**我不这么认为。**
　　Wǒ bú zhème rènwéi.

　　A：彼をやめさせるべきだということか？
　　B：そうは思いません。

★"撤/职 chèzhí"…免職にする、ポストからはずす。
★"我不这么认为"は"我不这么想。Wǒ bú zhème xiǎng."とも。

87 你问这个干嘛?
Nǐ wèn zhèige gànmá?

▶そんなこと聞いてどうするの?

A：他们肯定是姐弟恋，不信就去问问。
　　Tāmen kěndìng shì jiědìliàn, bú xìn jiù qù wènwen.

B：**你问这个干嘛?** 没意义吧。
　　Nǐ wèn zhèige gànmá? Méi yìyì ba.

　　A：彼ら、きっと彼女が年上のカップルだよ。信じないなら聞いてみようか。
　　B：そんなこと聞いてどうするの? 意味ないでしょ。

★"姐弟恋 jiědìliàn"…彼女が年上で彼が年下の恋愛。似た構造に"师生恋 shīshēngliàn（先生と生徒の恋愛）"がある。
★"意义 yìyì"…意味、意義。

88 原来是这样啊。
Yuánlái shì zhèyàng a.

▶なんだそうだったんだ。

A：我昨天不舒服，所以没来上课。
Wǒ zuótiān bù shūfu, suǒyǐ méi lái shàngkè.

B：原来是这样啊。
Yuánlái shì zhèyàng a.

　A：昨日は気分が悪くて授業に行かなかったんだ。
　B：なんだ、そうだったんだ。

89 你不用再说了。
Nǐ búyòng zài shuō le.

▶もう言わなくていいよ。

A：你不用再说了，我都听了无数遍了。
Nǐ búyòng zài shuō le, wǒ dōu tīngle wúshù biàn le.

B：那你也没明白。
Nà nǐ yě méi míngbai.

　A：もう言わなくていい。もう何回聞いたか。
　B：あなたはまだわかってない。

★"无数遍 wúshù biàn"…数え切れない回数、たくさん。

★この"那〜也〜"は、「あなた<u>も</u>」ではなく、「<u>それでもあなたは</u>」とかかっている。

90 有什么好处吗？
Yǒu shénme hǎochu ma?

▶何か利点はあるの？

A：总吃粗粮，有什么好处吗？
Zǒng chī cūliáng, yǒu shénme hǎochu ma?

B：当然有。听我给你一一道来吧。
Dāngrán yǒu. Tīng wǒ gěi nǐ yī yī dàolai ba.

　A：雑穀ばっかり食べて、何かメリットはあるの？
　B：もちろんあるよ。一つ一つ説明しようか。

★"粗粮 cūliáng"…雑穀。

★"一一道来 yī yī dàolai"…一つ一つ話していく。この"道"は古典的表現、「話す」の意。

91 你打算怎么办?
Nǐ dǎsuàn zěnme bàn?
▶ どうするつもり？

A：事到如今，你打算怎么办?
Shì dào rújīn, nǐ dǎsuàn zěnme bàn?

B：我也不知道。让我再想想。
Wǒ yě bù zhīdào. Ràng wǒ zài xiǎngxiang.

　　A：今さら、どうするつもり？
　　B：私もわからない。もうちょっと考えさせて。

★ "如今 rújīn" …今、こんな状態。"事到如今"で「今さら、今となっては」。

92 这是怎么回事?
Zhè shì zěnme huí shì?
▶ どうしたんですか？

A：今天你的上司脸色不好看。这是怎么回事?
Jīntiān nǐ de shàngsī liǎnsè bù hǎokàn. Zhè shì zěnme huí shì?

B：我还想知道呢。
Wǒ hái xiǎng zhīdao ne.

　　A：今日君の上司はご機嫌が良くないね。どうしたわけ？
　　B：私だって知りたいよ。

★ "脸色 liǎnsè" …顔色、表情。この"脸色不好看"は「機嫌が悪い、不機嫌だ」の意。
★ "怎么回事 zěnme huí shì" …どういったこと、何ごと。"回"は事柄を数える量詞。

93 我刚才说了吗?
Wǒ gāngcái shuō le ma?
▶ さっき言ったっけ？

A：我刚才说了吗?
Wǒ gāngcái shuō le ma?

B：说了，真健忘！
Shuō le, zhēn jiànwàng!

　　A：私、さっき言ったっけ？
　　B：言ったよ。本当に忘れっぽいんだから。

★ "健忘 jiànwàng" …忘れっぽい。

94 刚才说到哪儿了?
Gāngcái shuōdào nǎr le?

▶さっきどこまで話したっけ？

A：刚才说到哪儿了?
　　Gāngcái shuōdào nǎr le?
B：我也记不清了。
　　Wǒ yě jìbuqīng le.

　　A：さっきどこまで話したっけ。
　　B：私も覚えてない。

★"V到〜"…〜までVする。"到"は結果補語。

95 我不是这个意思。
Wǒ bú shì zhèige yìsi.

▶そういう意味じゃないんです。

A：你理解错了。我不是这个意思。
　　Nǐ lǐjiěcuò le. Wǒ bú shì zhèige yìsi.
B：那还能有什么意思?
　　Nà hái néng yǒu shénme yìsi?

　　A：理解し間違えているよ。そういう意味じゃないんですよ。
　　B：じゃあ、ほかにどういう意味があるわけ？

★「そういうことなんです」と肯定するときは、"就是这个意思。Jiù shì zhèige yìsi."。

96 这可不是开玩笑。
Zhè kě bú shì kāi wánxiào.

▶冗談で言ってるんじゃないよね。

A：我准备炒老板的"鱿鱼"！
　　Wǒ zhǔnbèi chǎo lǎobǎn de "Yóuyú"!
B：这可不是开玩笑。
　　Zhè kě bú shì kāi wánxiào.

　　A：マスターに首を切られに行くぞ！
　　B：冗談で言ってるんじゃないよね。

★"炒 / 鱿鱼 chǎo yóuyú"…クビになる。直訳は「スルメイカを炒める」。失業者が筒状に丸めた布団を背負って出ていく姿を、炒めて丸くなったイカにたとえたことから。

★"老板 lǎobǎn"…店主、マスター ⇔ "老板娘 lǎobǎnniáng"…おかみさん。

CHAPTER 1　35

97 我只是说说而已。
Wǒ zhǐshì shuōshuo éryǐ.

▶ ちょっと言ってみただけ。

A：你不会真要这么做吧?
　　Nǐ bú huì zhēn yào zhème zuò ba?

B：我只是说说而已。
　　Wǒ zhǐshì shuōshuo éryǐ.

　　A：本当にそうするんじゃないんでしょ。
　　B：ちょっと言ってみただけ。

★ "只是 zhǐshì ～而已 éryǐ" …ただ～にすぎない。

98 我不是跟你说了吗?
Wǒ bú shì gēn nǐ shuō le ma?

▶ 言ったよね?

A：你今天几点回来啊?
　　Nǐ jīntiān jǐ diǎn huílai a?

B：我不是跟你说了吗? 怎么又问?
　　Wǒ bú shì gēn nǐ shuō le ma? Zěnme yòu wèn?

　　A：今日何時に帰ってくるの?
　　B：もう言ったよね? どうしてまた聞くの?

99 现在说的不是假话吧?
Xiànzài shuō de bú shì jiǎhuà ba?

▶ 今のは嘘じゃないよね?

A：太感谢了！我要请你吃大餐！
　　Tài gǎnxiè le! Wǒ yào qǐng nǐ chī dàcān!

B：现在说的不是假话吧?
　　Xiànzài shuō de bú shì jiǎhuà ba?

A：没说假话，我保证。
　　Méi shuō jiǎhuà, wǒ bǎozhèng.

　　A：本当にありがとう！ ごちそうするよ。　B：今の嘘じゃないよね?
　　A：嘘じゃない。約束する。

★ "大餐 dàcān" …ごちそう。　★ "假话 jiǎhuà" …嘘。「嘘をつく」は "说 / 假话 shuō jiǎhuà"。

CHAPTER 2
遊び・グルメ フレーズ

友達と遊びに出かけたり、食事に行ったり、買い物したり。
そんな場面で役立つ表現を中心に集めました。
中国へ旅行に行ったときに使えるフレーズも、
たくさん入っています。

CD 19

100 好球！
Hǎoqiú!

▶ナイス！

A: 好！好球！
　 Hǎo! Hǎoqiú!
B: 进了！太精彩了！
　 Jìn le! Tài jīngcǎi le!

　　A：いいぞ！ ナイス！
　　B：(ゴールに) 入った！ すごいね。

★ "好球！Hǎoqiú!" はどんな球技にも使える。
★ "精彩 jīngcǎi" …(演技や文章、スポーツのプレーなどが) すばらしい。

101 点菜！
Diǎncài!

▶オーダーお願いします。

A: 服务员，点菜！
　 Fúwùyuán, diǎncài!
B: 好！
　 Hǎo!

　　A：すみません。オーダーお願いします。
　　B：はい。

★ "服务员 fúwùyuán" …店員さん、ウエイター、ウエイトレス。呼びかけに用いる。
★ "点 / 菜 diǎncài" …料理を注文する。"点" は注文、リクエストする行為を指す。

102 买单！
Mǎidān!

▶お勘定お願いします。

A: 服务员，买单！
　 Fúwùyuán, mǎidān!
B: 刷卡还是现金?
　 Shuākǎ háishi xiànjīn?

　　A：すいません、お勘定お願いします。
　　B：カードにしますか、現金にしますか。

★ "买 / 单 mǎidān" …お勘定お願いします。このほかに "结 / 帐 jiézhàng" とも言える。
★ "刷 / 卡 shuākǎ" は「カードで支払う」。また、地下鉄などでカードでタッチ＆ゴーするのも "刷卡"。ちなみに南では "拉 / 卡 lākǎ"。

38 CHAPTER 2

103 干杯!
Gānbēi!
▶ 乾杯!

A：为大家的健康，**干杯**！
　　Wèi dàjiā de jiànkāng, gānbēi!

　　A：みんなの健康を祈って乾杯！

★"干／杯"の行為は文字どおり「飲み干す」こと。飲み干したあと、杯の底を相手に見せたり、逆さにして、残っていないことを見せたりする。ちなみに杯を合わせる行為は"碰／杯 pèngbēi"という。

104 抱歉。
Bàoqiàn.
▶ ごめん。

A：**抱歉**。我去不了了。
　　Bàoqiàn. Wǒ qùbuliǎo le.

　　A：ごめんなさい。行けなくなっちゃった。

★"抱歉 bàoqiàn"…すまなく思う。申し訳ない。
★"V不了 buliǎo"…～できない。可能補語の否定形。"V不了了"で「～できなくなってしまった」。

105 真挤。
Zhēn jǐ.
▶ すごい混んでる。

A：公交**真挤**，还是坐地铁好。
　　Gōngjiāo zhēn jǐ, háishi zuò dìtiě hǎo.
B：已经坐上公交了，没有后悔药可吃啊。
　　Yǐjīng zuòshàng gōngjiāo le, méi yǒu hòuhuǐyào kě chī a.

　　A：バスって混んでるね。やっぱ地下鉄が良かったかな。
　　B：もうバスに乗っちゃったんだから、後悔してもだめよ。

★"公交 gōngjiāo"…バス＝"公交车 gōngjiāochē"。
★"挤 jǐ"…混んでいる、ぎっしり詰まっている。「押さないで」は"别挤"。
★"坐上 zuòshàng"…乗り込む。　★"后悔药 hòuhuǐyào"…後悔を解決する薬。

CD 20

106 够了。
Gòu le.
▶ 十分です。

A：再来一杯吧。
　　Zài lái yì bēi ba.
B：够了，够了。我已经喝了很多了。
　　Gòu le, gòu le. Wǒ yǐjīng hēle hěnduō le.
A：那好，随意随意。
　　Nà hǎo, suíyì suíyì.

　　A：もう一杯どう？　B：十分です。もうたくさんいただきました。
　　A：じゃ、好きなだけどうぞ。

★ "随意 suíyì"…飲み会で頻出の表現。互いに "随意随意" と言いながら杯を傾け、飲む。

107 快点儿！
Kuài diǎnr!
▶ 急いで！

A：要迟到了，快点儿！
　　Yào chídào le, kuài diǎnr!

　　A：遅刻するよ。急いで！

★ "迟到 chídào"…遅刻する。
★ "形容詞+(一)点儿" で命令形になる。例) "慢点儿。Màn diǎnr.（ゆっくりやって）"、"声音小点儿，好吗？ Shēngyīn xiǎo diǎnr, hǎo ma?（ちょっと声[音]を小さくしてください）"。

108 马上来。
Mǎshàng lái.
▶ すぐ行きます。

A：我们在楼下等你呢。快下来吧！
　　Wǒmen zài lóuxià děng nǐ ne. Kuài xiàlai ba!
B：马上来，马上来。
　　Mǎshàng lái, mǎshàng lái.

　　A：下で待ってるよ。早く降りておいで。
　　B：すぐ行くよ。すぐ行くから。

109 该你啰!
Gāi nǐ luo!

▶ 君の番だよ。

A：我唱完了。**该你啰!** 你点歌了吗?
　　Wǒ chàngwán le. Gāi nǐ luo! Nǐ diǎngē le ma?

B：我不点了。我五音不全，唱不了。
　　Wǒ bù diǎn le. Wǒ wǔyīn bù quán, chàngbuliǎo.

　　A：歌ったよ。君の番だよ。入れた？
　　B：私入れない。音痴だから歌えない。

★ "该 gāi" …～の番である。　★ "啰 luo" は語気助詞。≒ "了"。
★ "点 / 歌 diǎngē" …リクエストする、カラオケで曲を入れる。
★ "五音不全 wǔyīn bù quán" …オンチ。"五音" は中国伝統音楽の 5 つの音階。

110 好香啊!
Hǎoxiāng a!

▶ いいにおい / おいしそう。

A：**好香啊!** 这是什么呀?
　　Hǎoxiāng a! Zhè shì shénme ya?

B：是我的拿手菜，可乐鸡。
　　Shì wǒ de náshǒucài, kělèjī.

　　A：あ～いいにおい。これなあに？
　　B：私の得意料理、鶏肉のコーラ煮。

★ "拿手菜 náshǒucài" …得意料理。
★ "可乐鸡 kělèjī" …骨付き鶏肉をコーラ、生姜、お好みで適量の醤油を入れて煮たもの。中国では一般的な家庭料理の一つ。肉も軟らかく煮えてとてもおいしい。

111 打折吗?
Dǎzhé ma?

▶ 割引はありますか。

A：**打折吗?** 打几折?
　　Dǎzhé ma? Dǎ jǐ zhé?

B：打，都是八五折。
　　Dǎ, dōu shì bā wǔ zhé.

　　A：割引ありますか。何割引ですか。
　　B：割り引いてますよ。全部 15％オフです。

★ "打 / 折 dǎzhé" …割り引く。"打 X 折 dǎ X zhé" で「X 掛けにする」の意。

112 我请客。
Wǒ qǐngkè.
▶ おごるよ。

A：今天**我请客**。
Jīntiān wǒ qǐngkè.

B：那我就不客气了。
Nà wǒ jiù bú kèqi le.

　　A：今日はおごるね。
　　B：じゃあ、遠慮なく。

★「おごるよ」は"我做东。Wǒ zuòdōng.（私が主人になる＝おごります）"とも。

113 到点了。
Dào diǎn le.
▶ 時間になりました。

A：到点了。
Dào diǎn le.

B：再唱一个小时，行吗？
Zài chàng yí ge xiǎoshí, xíng ma?

　　A：時間になりました。
　　B：もう一時間歌ってもいいですか。

★ここでの"点 diǎn"は「ある決まった時間」を指す。
★"再+V+〜"で「もうどれだけVする」。"〜"には時間、量、回数などが入る。

114 怕了吧！
Pà le ba!
▶ 怖いんでしょ／びびった？

A：怕了吧！
Pà le ba!

B：不怕！有什么好怕的？！
Bú pà! Yǒu shénme hǎo pà de?!

　　A：怖いんでしょ。
　　B：怖くないよ。どんな怖いことがあるわけ？

CHAPTER 2

115 吃着还行。
Chīzhe hái xíng.

▶（味が）まあ、いけるよ。

A：这菜好像放了很多油。
　　Zhèi cài hǎoxiàng fàngle hěnduō yóu.

B：吃着还行，不怎么油腻。
　　Chīzhe hái xíng, bù zěnme yóunì.

　　A：このおかず、どうも油が多くない？
　　B：食べてみるとそうでもないよ。そんなに脂っこくない。

★ "不怎么 bù zěnme 〜"…あまり〜でない="不太 bú tài 〜"。

★ "油腻 yóunì"…脂っこい ⇔ "清淡 qīngdàn"…あっさりしている。

116 多吃点儿。
Duō chī diǎnr.

▶たくさん食べて。

A：多吃点儿。别客气。
　　Duō chī diǎnr. Bié kèqi.

B：我已经吃好了。谢谢。
　　Wǒ yǐjīng chīhǎo le. Xièxie.

A：那我们打包吧。
　　Nà wǒmen dǎbāo ba.

　　A：たくさん食べて。遠慮しないで。　　B：十分いただきました。ありがとう。
　　A：じゃ、持ち帰ろうか。

★ "打 / 包 dǎbāo"…包装する、（飲食店で）持ち帰る。通常のテイクアウトは"带走 dàizǒu"。

117 先上米饭。
Xiān shàng mǐfàn.

▶ご飯を先に出してください。

A：服务员，先上米饭，好吗？
　　Fúwùyuán, xiān shàng mǐfàn, hǎo ma?

B：好嘞。
　　Hǎo lei.

　　A：すみません。ご飯を先に出していただけませんか。　　B：わかりました。

★料理がテーブルにのることは"上 / 菜 shàngcài"。料理が来ていなければ、"我们点的青椒肉丝还没上。Wǒmen diǎn de qīngjiāo ròusī hái méi shàng.（注文したチンジャオロウスーがまだ来てないんですけど）"のように言う。

★中国では"先上米饭"を言わないと、ずっとおかずだけで食事をすることになる。

118 你拿着吧。
Nǐ názhe ba.

▶ 持ってって。

A：这是饭团儿。**你拿着吧。**
Zhè shì fàntuánr. Nǐ názhe ba.

B：谢谢！我在路上吃。
Xièxie! Wǒ zài lùshang chī.

　　A：これ、おにぎり。持ってって。
　　B：ありがとう。途中で食べるね。

★ "饭团儿 fàntuánr" …おにぎり。

119 我没心情。
Wǒ méi xīnqíng.

▶ 気乗りしない。

A：我们一起去卡拉OK吧！
Wǒmen yìqǐ qù kǎlā OK ba!

B：不好意思。**我没心情。**
Bù hǎoyìsi. Wǒ méi xīnqíng.

　　A：一緒にカラオケ行こうよ。
　　B：ごめん、行く気がしないんだ。

★ "不好意思 bù hǎoyìsi" は「ごめん」、「すみません」、「申し訳ない」、「きまりが悪い」「恥ずかしい」にあたる。様々な場面で使われ、使用頻度も高い。"对不起" は少々重い。

120 真够朋友。
Zhēn gòu péngyou.

▶ それこそが友達だよね。

A：我有困难的时候，他总是帮助我。
Wǒ yǒu kùnnan de shíhou, tā zǒngshì bāngzhù wǒ.

B：**真够朋友。**
Zhēn gòu péngyou.

　　A：困難なときに、彼がいつも助けてくれるんだ。
　　B：それこそが友達だよね。

★ "够/朋友 gòu péngyou" …友達がいがある。漫画『ドラえもん』のセリフでは「心の友よ～」に当たる。

121 一言为定。
Yì yán wéi dìng.

▶ 約束ね。

A：这个周末我们去兜风吧。
Zhèige zhōumò wǒmen qù dōufēng ba.

B：行，一言为定。
Xíng, yì yán wéi dìng.

　　A：この週末、ドライブ行こうか。
　　B：うん、約束だよ。

★ "周末 zhōumò" …週末。「月末」は "月底 yuèdǐ"。

★ "兜 / 风 dōufēng" …ドライブする。

★ "一言为定 yì yán wéi dìng" は「約束だよ」と互いに言い合うこともできる。

122 我要走了。
Wǒ yào zǒu le.

▶ もう行くね。

A：都这么晚了，我要走了。
Dōu zhème wǎn le, wǒ yào zǒu le.

B：好啊，慢走！
Hǎo a, mànzǒu!

　　A：こんなに遅くなっちゃった。もう行くね。
　　B：うん、気をつけてね。

★ "慢走 mànzǒu" …気をつけて (行って) ね。見送るときに使う頻出のあいさつ。

123 做个好梦。
Zuò ge hǎomèng.

▶ おやすみなさい（いい夢見てね）。

A：晚安！
Wǎn'ān!

B：做个好梦。
Zuò ge hǎomèng.

　　A：おやすみなさい。
　　B：いい夢見てね。

★ "做 / 梦 zuòmèng" …夢を見る。「夢に君が出てきた」は、"梦见你了。Mèngjiàn nǐ le."。

CHAPTER 2

124 不见不散！
Bú jiàn bú sàn!

▶ **必ず会おうね。**

A：那星期天十一点半在东直门的 A 出口见！
Nà xīngqītiān shíyī diǎn bàn zài Dōngzhímén de A chūkǒu jiàn!

B：好，不见不散！
Hǎo, bú jiàn bú sàn!

　　A：じゃあ、日曜日 11 時半に東直門の A 出口でね。
　　B：うん、必ず会おうね。

★ "东直门 Dōngzhímén" …北京の地名。地下鉄、都市鉄道、空港線の交差駅。

★ "不见不散 bú jiàn bú sàn" …直訳は「会えるまでその場を離れません」。

125 算我一个。
Suàn wǒ yí ge.

▶ **私も入れて。**

A：现在正在大甩卖呢，明天我们打算去淘一淘。
Xiànzài zhèngzài dàshuǎimài ne, míngtiān wǒmen dǎsuàn qù táo yi táo.

B：算我一个。
Suàn wǒ yí ge.

　　A：今バーゲンやってるから、明日何かないか見に行こうと思って。
　　B：私も入れてよ。

★ "大甩卖 dàshuǎimài" …バーゲン、"大减价 dàjiǎnjià" とも。

★ "淘 táo" …探す、あさる。

126 你买贵了。
Nǐ mǎiguì le.

▶ **ぼられたね。**

A：这是我新买的牛仔裤，200块，还可以吧。
Zhè shì wǒ xīn mǎi de niúzǎikù, èr bǎi kuài, hái kěyǐ ba.

B：你买贵了。那个服装市场才卖150块。
Nǐ mǎiguì le. Nèi ge fúzhuāng shìchǎng cái mài yì bǎi wǔshí kuài.

　　A：これ新しく買ったジーンズ、200 元だったの。まぁいいでしょ。
　　B：ぼられてるよ。あの服装市場だと 150 元で買えるよ。

★ "牛仔裤 niúzǎikù" …ジーンズ。

★ "200 块" の "200" の読み方は、"liǎng bǎi" でもいい。

★ "买贵了 mǎiguì le" の "贵 guì" は結果補語。

46　CHAPTER 2

127 掉头好吗?
Diàotóu hǎo ma?

▶ U ターンしてくれますか？

A：师傅，走过了，掉头好吗？
　Shīfu, zǒuguò le, diàotóu hǎo ma?
B：这儿不能掉头。对不起。
　Zhèr bù néng diàotóu. Duìbuqǐ.

　　A：すみません、過ぎちゃいました。U ターンしてくれますか。
　　B：ここは U ターンできません。ごめんなさい。

★ "师傅 shīfu" …運転手やコックなど技術を持つ人を指す。呼びかけにも使う。
★ "掉 / 头 diàotóu" …U ターンする。

128 打表了吗?
Dǎbiǎo le ma?

▶ メーターちゃんと倒してくれた？

A：师傅，打表了吗？
　Shīfu, dǎbiǎo le ma?
B：打了。
　Dǎ le.

　　A：運転手さん、メーター倒しましたか？
　　B：倒しましたよ。

★ "打 / 表 dǎbiǎo" …タクシーのメーターを倒す。

129 坐过站了。
Zuòguò zhàn le.

▶（駅を）乗り過ごしちゃった。

A：你在哪儿下车？这儿已经是西单了。
　Nǐ zài nǎr xiàchē? Zhèr yǐjīng shì Xīdān le.
B：哎呀，坐过站了。
　Aiya, zuòguò zhàn le.

　　A：どこで降りるんだっけ。もう西単だよ。
　　B：あっ、乗り過ごした。

★ "西单 Xīdān" …北京の地名。地下鉄一号線沿線の繁華街。

CHAPTER 2　47

130 这个如何?
Zhèige rúhé?
▶これはどう？

A: 都挑花眼了！哎，**这个如何?**
Dōu tiāohuā yǎn le! Ai, zhèige rúhé?

B: 嗯，样子不错。
Ng, yàngzi búcuò.

　　A：目移りしちゃう。ね、これはどうかな？
　　B：うん、デザインはいいね。

★ "挑花/眼 tiāohuā yǎn" …目移りする。ここの"花"は結果補語。
★ "样子 yàngzi" …デザイン、形。

131 随便看看。
Suíbiàn kànkan.
▶適当に見てるだけです。

A: 这是今年的新款，来一件吧。
Zhè shì jīnnián de xīnkuǎn, lái yí jiàn ba.

B: **随便看看。**暂时不要。
Suíbiàn kànkan. Zànshí bú yào.

　　A：これが今年の新作です、一着いかがですか？
　　B：見てるだけなんです。とりあえずいいです。

★ "新款 xīnkuǎn" …新作。"款 kuǎn"は「型、デザイン」を表す。例えば"男款 nánkuǎn（男性もの)"、"女款 nǚkuǎn（女性もの)"のようにも使う。
★ "暂时 zànshí" …とりあえず、しばらくの間、一時。

132 能刷卡吗?
Néng shuākǎ ma?
▶カード払いできますか？

A: 能刷卡吗?
Néng shuākǎ ma?

B: 不好意思，这儿只收现金。
Bù hǎoyìsi, zhèr zhǐ shōu xiànjīn.

　　A：カードで支払えますか？
　　B：すみません。ここでは現金の支払いのみです。

★ "收 shōu" …収める、入れる、受け入れる。

133 有空位吗？
Yǒu kòngwèi ma?

▶席は空いてますか？

A：有空位吗？
Yǒu kòngwèi ma?

B：有，坐这儿吧。
Yǒu, zuò zhèr ba.

　　A：席は空いてますか。
　　B：空いてます。ここに座ってください。

★"空位 kòngwèi" …空席。

134 已经过期了。
Yǐjīng guòqī le.

▶期限切れだよ。

A：今天我们去那家吧。我有优惠券。
Jīntiān wǒmen qù nèi jiā ba. Wǒ yǒu yōuhuìquàn.

B：哎呀，已经过期了。
Aiya, yǐjīng guòqī le.

　　A：今日はあの店に行こう。クーポン持ってるから。
　　B：あれ、期限が切れてるよ。

★"优惠券 yōuhuìquàn" …クーポン券、割引券。
★"过 / 期 guòqī" …期限が過ぎている。期限が切れる。

135 这么大方啊！
Zhème dàfang a!

▶太っ腹だね。

A：这么大方啊！
Zhème dàfang a!

B：当然，你是稀客嘛。
Dāngrán, nǐ shì xīkè ma.

　　A：太っ腹だね。
　　B：もちろん、珍しいお客様だしね。

★"大方 dàfang" …気前がいい、けちくさくない＝"慷慨 kāngkǎi"。
★"稀客 xīkè" …珍しい客。

CHAPTER 2　49

136 一,二,三,茄子!
Yī, èr, sān, qiézi!
▶ はい、チーズ！

A：照了啊！一,二,三,茄子！哎呀，照虚了。
　Zhào le a! Yī, èr, sān, qiézi! Aiya, zhàoxū le.

　　A：とるよ〜。はい、チーズ。あっ、ピンボケだ。

★ "茄子 qiézi"…ナス。日本語では「チーズ」のところ、中国語ではこうなる。
★ "照虚了 zhàoxū le"…ピンボケした。"虚 xū"は結果補語。

137 让一下好吗?
Ràng yíxià hǎo ma?
▶ （道を）譲ってください。

A：劳驾，让一下好吗?
　Láojià, ràng yíxià hǎo ma?

　　A：すみません、ちょっとどいてくれませんか？

★ "劳驾 láojià"…すみません、恐れ入りますが。
★ バスの中や道で人込みをかき分けるときはこの他に、"过一下好吗? Guò yíxià hǎo ma?（通してください）"や "借光，借光。Jièguāng, jièguāng.（すみません、道をあけて）"も。

138 敢不敢打赌?
Gǎn bu gǎn dǎdǔ?
▶ かけようか？

A：我肯定比你先把烟戒掉。
　Wǒ kěndìng bǐ nǐ xiān bǎ yān jièdiào.
B：不一定吧。敢不敢打赌?
　Bù yídìng ba. Gǎn bu gǎn dǎdǔ?

　　A：君より先にタバコをやめてやる！
　　B：そうかな〜。かける？

★ "把烟戒掉"…煙草をやめる。"戒 / 烟 jièyān"は「禁煙する」。"戒掉"の"掉 diào"は「なくす」ことを表す結果補語。
★ "打 / 赌 dǎdǔ"…賭けをする。

50　CHAPTER 2

139 不怎么流行。
Bù zěnme liúxíng.

▶ あんまり流行ってないよ。

A：金色今年很流行吗?
　Jīnsè jīnnián hěn liúxíng ma?
B：**不怎么流行**，过时了。
　Bù zěnme liúxíng, guòshí le.

　　A：ゴールドは今年流行ってる？
　　B：あんまり流行ってない。もう遅れてるね。

★"过 / 时 guòshí"…時代遅れだ。「流行を追いかける」は "赶 / 时髦 gǎn shímáo"。

140 你喜欢这个?
Nǐ xǐhuan zhèige?

▶ これ気に入った？

A：**你喜欢这个?**
　Nǐ xǐhuan zhèige?
B：喜欢是喜欢，还在犹豫选哪个颜色。
　Xǐhuan shì xǐhuan, hái zài yóuyù xuǎn něige yánsè.

　　A：これ気に入った？
　　B：気に入ったには気に入ったけど、まだどの色にしようか迷ってるんだ。

★"喜欢 xǐhuan"は「好き」の意味の他に、「気に入る」の意味でも覚えよう。
★"犹豫 yóuyù"…（どれにしようか）迷う。躊躇する、ためらう。
★"选 xuǎn"…選ぶ。

141 还是打车吧。
Háishi dǎchē ba.

▶ やっぱタクシーで行こう。

A：我们怎么回去?
　Wǒmen zěnme huíqu?
B：**还是打车吧。**
　Háishi dǎchē ba.

　　A：どうやって帰ろうか。
　　B：やっぱタクシーで行こう。

★"打 / 车 dǎchē"…タクシーに乗る。ちなみに「タクシーを呼ぶ、ひろう」は "叫 / 出租车 jiào chūzūchē"、「タクシーをチャーターする」は "包 / 车 bāochē"。

142 他可是海量。
Tā kě shì hǎiliàng.

▶**彼は大酒飲みだよ。**

A：他可是海量。
　　Tā kě shì hǎiliàng.
B：是啊，没有人能喝过他。
　　Shì a, méi yǒu rén néng hēguò tā.

　　A：彼は大酒飲みだな。
　　B：そうだよ、誰も飲み勝てないよ。

★ "海量 hǎiliàng" …大酒飲み。
★ "喝过 hēguò ～" …～に飲み勝つ。"过"は「まさっていること」を表す結果補語。

143 有忌口的吗？
Yǒu jìkǒu de ma?

▶**だめなものありますか？**

A：有忌口的吗？
　　Yǒu jìkǒu de ma?
B：我不能吃香菜。别放香菜好吗？
　　Wǒ bù néng chī xiāngcài. Bié fàng xiāngcài hǎo ma?

　　A：だめなものはありますか？
　　B：パクチーだめなんです。パクチー入れないでくれますか？

★ "忌/口 jìkǒu" …（体調やアレルギー、習慣等の理由で）食べるのを避ける。
★ "香菜 xiāngcài" …パクチー、コリアンダー。
★ "放 fàng ～" …～を入れる。例）"放/糖 táng [盐 yán]（砂糖[塩]を入れる）"。

144 让你破费了。
Ràng nǐ pòfèi le.

▶**散財させてしまいました。**

A：让你破费了。
　　Ràng nǐ pòfèi le.
B：哪里哪里，别客气。
　　Nǎli nǎli, bié kèqi.

　　A：散財させてしまいました。
　　B：いえいえ、遠慮なく。

★ "破/费 pòfèi" …お金や時間を費やす。"让你破费了。Ràng nǐ pòfèi le."は、相手に食事をごちそうになったときや、何かを買ってもらったときに使う。「あなたにお金を払わせてしまい申し訳ない」の気持ちから出てくる言葉。

145 电话打不通。
Diànhuà dǎbutōng.

▶ 電話がつながらない。

A：你为什么没给他打电话？
　Nǐ wèi shénme méi gěi tā dǎ diànhuà?

B：电话打不通。
　Diànhuà dǎbutōng.

　A：どうして彼に電話しないの？
　B：電話がつながらないんです。

★ "给 gěi ～打 / 电话 dǎ diànhuà" … ～に電話をする。

146 能吃就是福。
Néng chī jiù shì fú.

▶ 食べれることが幸せだよね。

A：我最近食欲太好了，有点儿危险。
　Wǒ zuìjìn shíyù tài hǎo le, yǒudiǎnr wēixiǎn.

B：没关系。能吃就是福。
　Méi guānxi. Néng chī jiù shì fú.

　A：最近食欲が良すぎて、ちょっとやばいんだ。
　B：大丈夫だよ。食べれることって幸せだよね。

★「ごちそうにありつける運がある」は "有 / 口福 yǒu kǒufú" という。

147 什么都可以。
Shénme dōu kěyǐ.

▶ 何でもいいよ。

A：你要喝点什么？茶还是咖啡？
　Nǐ yào hē diǎn shénme? Chá háishi kāfēi?

B：什么都可以。
　Shénme dōu kěyǐ.

　A：何飲む？ お茶？ それともコーヒー？
　B：何でもいいよ。

148 你想点什么?
Nǐ xiǎng diǎn shénme?

▶何を注文しますか。

A:你想点什么?
Nǐ xiǎng diǎn shénme?

B:有什么特色菜吗?
Yǒu shénme tèsècài ma?

　　A：何を注文されますか？
　　B：何か特色のあるものはありますか？

★"特色菜 tèsècài"…特色ある料理＝名物メニュー。

149 我要同样的。
Wǒ yào tóngyàng de.

▶同じのをください。

A:请问，您点什么?
Qǐngwèn, nín diǎn shénme?

B:我要同样的，也要'牛肉套餐'。
Wǒ yào tóngyàng de, yě yào 'Niúròu tàocān'.

　　A：何を注文されますか？
　　B：私も同じものを。焼肉定食ください。

★ちなみに、食べ終わった皿を下げてもらうよう頼む場合は"请把盘子撤了。Qǐng bǎ pánzi chè le."という。

150 感觉怎么样?
Gǎnjué zěnmeyàng?

▶どんな感じですか？

A:感觉怎么样?
Gǎnjué zěnmeyàng?

B:穿着挺合适，就是颜色太浅。
Chuānzhe tǐng héshì, jiùshì yánsè tài qiǎn.

　　A：どんな感じですか。
　　B：着てみるとぴったりだけど、色が薄いわね。

★"浅 qiǎn"…色が薄い ⇔ "深 shēn"…色が濃い。

151 就这么说定了。
Jiù zhème shuōdìng le.

▶じゃあ、そうしよう。

A：明天10点老地方见啊。
　　Míngtiān shí diǎn lǎodìfang jiàn a.

B：好啊，就这么说定了。
　　Hǎo a, jiù zhème shuōdìng le.

　　A：明日10時にいつものところで。
　　B：うん。じゃあ、そうしよう。

★ "老地方 lǎo dìfang" …いつもの場所。「いつもの時間」なら "老时间 lǎo shíjiān"。

152 优惠一点儿吧。
Yōuhuì yìdiǎnr ba.

▶安くしてよ。

A：优惠一点儿吧。
　　Yōuhuì yìdiǎnr ba.

B：不行，这儿不能砍价。
　　Bù xíng, zhèr bù néng kǎnjià.

　　A：安くしてください。
　　B：だめです。ここは値切れないんですよ。

★ "优惠 yōuhuì" …特恵(を与える)。買い物のときの "优惠一点儿 yōuhuì yìdiǎnr" は「安くして」、「おまけして」の意味で用いる。

★ "砍/价 kǎnjià" …値切り交渉をする＝ "讲/价 jiǎngjià"、"讨价还价 tǎo jià huán jià"。

153 去车站怎么走?
Qù chēzhàn zěnme zǒu?

▶駅にはどう行きますか。

A：去车站怎么走?
　　Qù chēzhàn zěnme zǒu?

B：从这儿一直走，在第一个红绿灯那儿往右拐，再走五分钟就到了。
　　Cóng zhèr yìzhí zǒu, zài dì yī ge hónglǜdēng nàr wǎng yòu guǎi, zài zǒu wǔ fēnzhōng jiù dào le.

　　A：駅にはどう行きますか？
　　B：ここからまっすぐ行って、一つ目の信号を右に曲がって、5分歩くと着きます。

★ "去+場所+怎么走?" で道を聞けるようにしよう。

★ "红绿灯 hónglǜdēng" …信号。

★ "往 wǎng ～拐 guǎi" …～の方向に曲がる。"右" や "左"、"东、南、西、北" が入る。

154 在这儿停一下。
Zài zhèr tíng yíxià.

▶ ここで止めてください。

A：在这儿停一下。
　Zài zhèr tíng yíxià.

B：好嘞。要发票吗?
　Hǎo lei. Yào fāpiào ma?

　　A：ここで止めてください。
　　B：わかりました。領収書いりますか?

★"发票 fāpiào" …領収書。ちなみに、「(自分で立て替えた領収書を会社に出して)清算する」は "报销 bàoxiāo" という。

155 手机快没电了。
Shǒujī kuài méi diàn le.

▶ 携帯の電源がなくなっちゃう。

A：还有个事情要告诉你。
　Hái yǒu ge shìqíng yào gàosu nǐ.

B：手机快没电了。先挂了!
　Shǒujī kuài méi diàn le. Xiān guà le!

　　A：まだ話があるんだけど。
　　B：携帯の電源がなくなっちゃう。とりあえず、切るね。

★電話を切るのは "挂 guà 电话"、出るのは "接 jiē 电话"、折り返しかけるのは "回 huí 电话"。

156 手机没有信号。
Shǒujī méi yǒu xìnhào.

▶ 携帯が圏外だ。

A：你帮我给他打个电话，行不行?
　Nǐ bāng wǒ gěi tā dǎ ge diànhuà, xíng bu xíng?

B：好……欸，手机没有信号。打不了!
　Hǎo …… ei, shǒujī méi yǒu xìnhào. Dǎbuliǎo!

　　A：代わりに彼に電話してくれる?
　　B：うん。あ〜、携帯が圏外だ。だめだ!

★"信号 xìnhào" …電波。

★中国では携帯が圏外のとき "不在服务区 bú zài fúwùqū(サービスのエリア内にいません)" とアナウンスが流れる。

157 再加点儿水吧。
Zài jiā diǎnr shuǐ ba.

▶ （急須に）お湯を足してください。

A：茶水没了。再加点儿水吧。
Cháshuǐ méi le. Zài jiā diǎnr shuǐ ba.

B：好的。
Hǎo de.

 A：お湯がなくなったので、お湯を足してくださいませんか。
 B：かしこまりました。

★ "加 / 水 jiāshuǐ"…お湯を足す。通常 "水 shuǐ" は「お湯」を指す。類似表現で、火鍋のスープを足すときは "加 / 汤 jiātāng"。カップのコーヒーのおかわりは "续 / 杯 xùbēi"。

158 让我再睡会儿。
Ràng wǒ zài shuì huǐr.

▶ もう少し寝かせてよ。

A：别闹了！让我再睡会儿。
Bié nào le! Ràng wǒ zài shuì huǐr.

B：不行，太阳都照屁股了。
Bù xíng, tàiyáng dōu zhào pìgu le.

 A：うるさいなあ。もう少し寝かせてよ。
 B：だめ、もうこんな時間なんだから。

★ "闹 nào"…騒ぐ、邪魔をする。

★ "太阳都照屁股 tàiyáng dōu zhào pìgu"…太陽がおしりを照らしている＝もうすでに日が昇っている。

159 回头打你手机。
Huítóu dǎ nǐ shǒujī.

▶ あとで携帯に電話するね。

A：我现在要去健身房，回头打你手机。
Wǒ xiànzài yào qù jiànshēnfáng, huítóu dǎ nǐ shǒujī.

B：也好，给我发邮件也可以。
Yě hǎo, gěi wǒ fā yóujiàn yě kěyǐ.

 A：今からジムに行くから、あとで携帯に電話するね。
 B：それでもいいし、メールでもいいよ。

★ "健身房 jiànshēnfáng"…スポーツジム。

★ "给 gěi ～发 / 邮件 fā yóujiàn"…～にＥメールを出す。「携帯のメールを出す」は "发 / 短信 fā duǎnxìn"。

CHAPTER 2　57

160 这周末你有空吗?
Zhèi zhōumò nǐ yǒu kòng ma?

▶今週末時間ある？

A：这周末你有空吗?
　　Zhèi zhōumò nǐ yǒu kòng ma?

B：有啊。怎么了?
　　Yǒu a. Zěnme le?

A：我打算去二手车市场看看。能不能陪我去?
　　Wǒ dǎsuan qù èrshǒuchē shìchǎng kànkan. Néng bu néng péi wǒ qù?

　　　A：今週末時間ある？　B：あるけど、どうしたの？
　　　A：中古車市場に行くつもりなんだけど、ついてきてくれない？

★ "二手车 èrshǒuchē" …中古車。"二手 èrshǒu" は「中古、セカンドハンド」の意味。

161 祝你玩儿得开心。
Zhù nǐ wánrde kāixīn.

▶楽しんでね。

A：我要去夏威夷喽。
　　Wǒ yào qù Xiàwēiyí lou.

B：祝你玩儿得开心。
　　Zhù nǐ wánrde kāixīn.

　　　A：ハワイに行くんだ。
　　　B：楽しんで行ってきてね。

★ "夏威夷 Xiàwēiyí" …ハワイ。

★ "开心 kāixīn" …愉快だ、楽しい。

162 大家都在等你呢！
Dàjiā dōu zài děng nǐ ne!

▶みんな待ってるよ。

A：大家都在等你呢！
　　Dàjiā dōu zài děng nǐ ne!

B：不好意思，起晚了。
　　Bù hǎoyìsi, qǐwǎn le.

　　　A：みんな待ってるよ。
　　　B：ごめん、寝坊した。

★「(意図的に) 朝寝坊する」は "睡 / 懒觉 shuì lǎnjiào"。

163 真没有时间概念。
Zhēn méi yǒu shíjiān gàiniàn.
▶ 時間にルーズだよね。

A：他又迟到了！
　　Tā yòu chídào le!
B：真没有时间概念。气人！
　　Zhēn méi yǒu shíjiān gàiniàn. Qìrén!
　　A：彼、また遅刻だよ。
　　B：本当に時間にルーズだよね。むかつくわ。

★ "气／人 qìrén" …人を怒らせる＝むかつく。

164 咱们下次再聊吧。
Zánmen xiàcì zài liáo ba.
▶ また今度話そうね。

A：咱们下次再聊吧。
　　Zánmen xiàcì zài liáo ba.
B：好吧，正好我也有事儿。
　　Hǎo ba, zhènghǎo wǒ yě yǒu shìr.
　　A：また今度話しましょう。
　　B：うん、ちょうど私も用事があるんだ。

165 能不能帮我破开？
Néng bu néng bāng wǒ pòkāi?
▶ 両替できる？

A：有零钱吗？能不能帮我破开？
　　Yǒu língqián ma? Néng bu néng bāng wǒ pòkāi?
B：有的是。你要破多少？
　　Yǒudeshì. Nǐ yào pò duōshao?
　　A：小銭ある？　両替できる？
　　B：たくさんあるよ。どれだけ両替する？

★ "零钱 língqián" …小銭。
★ "破开 pòkāi" …(お金を)くずす。"开" は結果補語。
★ "有的是 yǒudeshì" …たくさんある。

166 肩膀酸痛得不行。
Jiānbǎng suāntòngde bù xíng.

▶ 肩がこってしかたない。

A：最近总用电脑，**肩膀酸痛得不行**。
　　Zuìjìn zǒng yòng diànnǎo, jiānbǎng suāntòngde bù xíng.

B：那我给你揉揉吧。
　　Nà wǒ gěi nǐ róurou ba.

　　A：最近いつもパソコン使ってるから、肩がこってどうにもならないよ。
　　B：じゃあ、ちょっと揉んであげようか。

★ "肩膀 jiānbǎng" …肩。

★ "酸痛 suāntòng" …だるくて痛い、こっている。

★ "揉 róu" …揉む、さする。

167 不要绕远，好不好?
Búyào ràoyuǎn, hǎo bu hǎo?

▶ 遠回りしないでよ。

A：时间很紧张。**不要绕远，好不好?**
　　Shíjiān hěn jǐnzhāng. Búyào ràoyuǎn, hǎo bu hǎo?

B：好的。不用担心。
　　Hǎo de. Búyòng dānxīn.

　　A：時間がないの。遠回りしないでね。
　　B：わかりました。心配しないでください。

★ この"紧张 jǐnzhāng"は「忙しい、時間が緊迫している」の意。

★ "绕 / 远 ràoyuǎn" …遠回りをする ⇔ "抄 / 近 chāojìn" …近道をする。

168 这附近有ATM吗?
Zhè fùjìn yǒu ATM ma?

▶ 近くに ATM ありますか?

A：**这附近有ATM吗?**
　　Zhè fùjìn yǒu ATM ma?

B：一楼有。
　　Yī lóu yǒu.

　　A：この近くに ATM ありますか。
　　B：1階にあります。

★ ATM…中国語で言うなら"自动取款机 zìdòng qǔkuǎnjī"。

169 你从哪里冒出来的?
Nǐ cóng nǎli màochulai de?

▶ どこから沸いて出てきたの？

A：你看我是谁?
　　Nǐ kàn wǒ shì shéi?

B：啊？是你！你从哪里冒出来的?
　　A? Shì nǐ! Nǐ cóng nǎli màochulai de?

　　A：だ～れだ？
　　B：ん？ あ～っ！ どこから沸いて出てきたの？

★ "冒出来 màochulai" …沸いて出てくる。

170 你鬼鬼祟祟在干嘛?
Nǐ guǐguǐsuìsuì zài gànmá?

▶ 何こそこそやってんの？

A：你鬼鬼祟祟在干嘛?
　　Nǐ guǐguǐsuìsuì zài gànmá?

B：什么也没干，别误会。
　　Shénme yě méi gàn, bié wùhuì.

　　A：何こそこそやってるの？
　　B：何もやってないよ。誤解しないで。

★ "鬼祟 guǐsui" …こそこそしている。
★ "误会 wùhuì" …誤解する、思い違いをする。"wùhui" と発音することも。

171 我们今天AA制吧。
Wǒmen jīntiān AA zhì ba.

▶ 今日は割り勘にしよう。

A：我们今天AA制吧。
　　Wǒmen jīntiān AA zhì ba.

B：这儿是中国，"入乡随俗"吧。我来付。
　　Zhèr shì Zhōngguó, "Rù xiāng suí sú" ba. Wǒ lái fù.

　　A：今日は割り勘にしよう。
　　B：ここは中国、「郷に入りては郷に従え」だよ。私が払うよ。

★ "AA制 zhì" …割り勘にする。"均摊 jūntān" とも。
★ "入乡随俗 rù xiāng suí sú" …郷に入りては郷に従え。

172 请拿一点儿餐巾纸。
Qǐng ná yìdiǎnr cānjīnzhǐ.
▶ 紙ナプキンください。

A：服务员！请拿一点儿餐巾纸。
Fúwùyuán! Qǐng ná yìdiǎnr cānjīnzhǐ.

　A：すみません、紙ナプキンください。

★ "餐巾纸 cānjīnzhǐ" …紙ナプキン。

★「～をください」は覚えておこう。例えば「灰皿ください」は、"拿烟灰缸，好吗? Ná yānhuīgāng, hǎo ma?"。

173 你先走吧，我这就到。
Nǐ xiān zǒu ba, wǒ zhè jiù dào.
▶ 先に行ってて、すぐ行くから。

A：该走了。还没化完妆呢？真慢！
Gāi zǒu le. Hái méi huàwán zhuāng ne? Zhēn màn!

B：你先走吧，我这就到。
Nǐ xiān zǒu ba, wǒ zhè jiù dào.

　A：もう行くよ、まだ化粧終わってないの？ のろまだな。
　B：先に行ってて、すぐ行くから。

★ "该 gāi ～了 le" …そろそろ～する時間になった。

★ "化/妆 huàzhuāng" …化粧をする。

CHAPTER 3
自己表現 フレーズ

外国語を学ぶことの醍醐味は、
自分の思いを伝えること&その思いが通じることに尽きるでしょう。
相手に自分の意思や感情を伝えられる表現を身につけよう。

174 郁闷。
Yùmèn.
▶気が重いよ。

CHECK✓

A：我们真是没出路啊！怎么办！
　　Wǒmen zhēn shì méi chūlù a! Zěnme bàn!

B：就是。郁闷。
　　Jiùshi. Yùmèn.

　　A：活路が見いだせない、どうしよう。
　　B：そうなんだ。気が重いよ。

★ "出路 chūlù" …活路、解決のための道。
★ "郁闷 yùmèn" …気がふさぐ、憂鬱だ。

175 糟了！
Zāo le!
▶しまった！

CHECK✓

A：糟了！我忘带钱包了。
　　Zāo le! Wǒ wàng dài qiánbāo le.

　　A：しまった！ 財布持ってこなかった。

★ "糟 zāo" は「めちゃめちゃである、悪い」。"糟糕了 zāogāo le" とも。

176 天哪！
Tiān na!
▶しまった！

CHECK✓

A：天哪！大家都走了。
　　Tiān na! Dàjiā dōu zǒu le.

　　A：しまった！ みんな行ってしまった。

★ "天 tiān" …天、神様。"天哪！" は英語の "Oh! My god!" にあたる。

CHAPTER 3

177 讨厌！
Tǎoyàn!
▶やだ〜。

A：亲亲我吧。
　　Qīnqin wǒ ba.
B：讨厌！
　　Tǎoyàn!

　　A：キスして。
　　B：いやよ。

★"亲 qīn"…キスをする。
★"讨厌 tǎoyàn"…いやだ。嫌いだ。

178 完了。
Wán le.
▶終わった。

A：这科挂了，完了。
　　Zhèi kē guà le, wán le.

　　A：その科目落としちゃったよ。終わった。

★ここの"挂"は"挂/红灯 guà hóngdēng"…「赤提灯をぶらさげる＝赤点を取る」の意味。

179 好累呀。
Hǎo lèi ya.
▶疲れた〜。

A：已经唱了六个小时了。好累呀。
　　Yǐjīng chàngle liù ge xiǎoshí le. Hǎo lèi ya.

　　A：もう6時間も歌ってる。疲れた〜。

★"V 了〜了"は「(現時点までで) どれだけ V したことになる」の意。"〜"には時間、量、回数などが入る。

180 算了吧。
Suàn le ba.

▶ やめよう / もういいよ。

A：这么长的队啊！要等好久吧。
　　Zhème cháng de duì a! Yào děng hǎojiǔ ba.

B：算了吧。去别的店吧。
　　Suàn le ba. Qù biéde diàn ba.

　　A：こんな長い行列！ かなり待たないといけないね。
　　B：やめよう。ほかの店に行こう。

★ "队 duì" …行列。「並ぶ」は "排 / 队 páiduì"。
★ "好久 hǎojiǔ" …長い間＝ "好长时间 hǎocháng shíjiān"、"很长时间 hěncháng shíjiān"。
★ "算了 suàn le" …終わりにする。"得了 dé le" でもいい。

181 活见鬼！
Huójiànguǐ!

▶ おかしいなあ / 不思議だ。

A：活见鬼！电脑突然自己关机了。是不是染上病毒了？
　　Huójiànguǐ! Diànnǎo tūrán zìjǐ guānjī le. Shì bu shì rǎnshàng bìngdú le?

　　A：おかしいなあ。パソコンが急に落ちちゃった。ウイルスにでも感染したのかな？

★ "关 / 机 guānjī" …電源を切る、電源が切れる ⇔ "开 / 机 kāijī" …電源を入れる。
★ "染上病毒 rǎnshàng bìngdú" …ウイルスに感染する。"上" は結果補語。

182 真头疼。
Zhēn tóuténg.

▶ ほんと、頭が痛い。

A：我的孩子早恋，真头疼！
　　Wǒ de háizi zǎoliàn, zhēn tóuténg!

　　A：うちの子若いのに色気づいて、本当、頭が痛い。

★ "早恋 zǎoliàn" …未成年の恋愛、中国で社会問題の一つとなっている。

183 真倒霉！
Zhēn dǎoméi!

▶ **本当についてない。**

A：末班车也走了。**真倒霉！**
　　Mòbānchē yě zǒu le. Zhēn dǎoméi!

　　A：終電［終バス］も行っちゃった。本当についてない！

★ "末班车 mòbānchē" …終電、終バス ⇔ "首班车 shǒubānchē"、"头班车 tóubānchē"
　…始発の電車、バス。

★ "倒 / 霉 dǎoméi" …運が悪い、ついてない。

184 白忙了。
Bái máng le.

▶ **無駄骨折った。**

A：我们的项目没通过。
　　Wǒmen de xiàngmù méi tōngguò.

B：真的？**白忙了。**
　　Zhēnde? Bái máng le.

　　A：私たちのプロジェクトは通らなかった。
　　B：本当に？　無駄骨折ったよ。

★ "项目 xiàngmù" …項目、プロジェクト。
★ "白 bái V" …無駄に V する。

185 羡慕吧。
Xiànmù ba.

▶ **うらやましいでしょ。**

A：你看，这是我新买的手机。**羡慕吧。**
　　Nǐ kàn, zhè shì wǒ xīn mǎi de shǒujī. Xiànmù ba.

B：羡慕是羡慕。就是别再弄丢了！
　　Xiànmù shì xiànmù. Jiùshì bié zài nòngdiū le!

　　A：ほら、新しく買った携帯。うらやましいでしょ。
　　B：うらやましいにはうらやましいけど、もうなくしちゃだめだよ。

★ "弄丢 nòngdiū" …（何らかの行為によって）なくす、なくしてしまう。"弄"は具体的な行為を指さない、「（何かを）する」という意味の動詞。この "丢" は結果補語。

CHAPTER 3

186 不骗你。
Bú piàn nǐ.

▶嘘じゃないよ。

A：是假话吧，我不信。
Shì jiǎhuà ba, wǒ bú xìn.

B：**不骗你**，是真的。
Bú piàn nǐ, shì zhēnde.

A：嘘でしょ、信じないよ。
B：嘘じゃない、本当だよ。

★ "骗 piàn" …騙す。

187 真扫兴。
Zhēn sǎoxìng.

▶残念／しらけちゃう。

A：放假第一天就下雨。没法出去玩儿了。
Fàngjià dì yī tiān jiù xiàyǔ. Méifǎ chūqu wánr le.

B：**真扫兴**！
Zhēn sǎoxìng.

A：休日一日目から雨だなんて、遊びに行けないじゃない。
B：本当にしらけちゃう。

★ "放／假 fàngjià" …休みになる。「夏休みになる」は "放／暑假 shǔjià"。
★ "没法 méifǎ" …〜するすべがない、〜できない＝"无法 wúfǎ"。
★ "扫／兴 sǎoxìng" …興ざめする、しらける。

188 见外了。
Jiànwài le.

▶みずくさいなあ。

A：每次你都来接我，太感谢了！
Měicì nǐ dōu lái jiē wǒ, tài gǎnxiè le!

B：**见外了**，我们是老朋友嘛。
Jiànwài le, wǒmen shì lǎopéngyou ma.

A：毎回迎えに来てくれて、本当にありがとう。
B：みずくさいよ、私たちもう昔からの仲じゃない。

★ "见外 jiànwài" …みずくさい、他人行儀である。
★ "老朋友 lǎopéngyou" …古くからの友人、旧友。

189 还差点儿。
Hái chà diǎnr.
▶ まだだめだね。

A：他当主角怎么样？
　　Tā dāng zhǔjué zěnmeyàng?
B：还差点儿。还需要锻炼。
　　Hái chà diǎnr. Hái xūyào duànliàn.
　　A：彼が主役になるのはどうかな？
　　B：まだだめだね。まだ修行が必要だね。

★ "当/主角 dāng zhǔjué" …主役になる。
★ "锻炼 duànliàn" …(体や精神を)鍛える。トレーニングする。

190 让我想想。
Ràng wǒ xiǎngxiang.
▶ 考えさせて。

A：那我们该怎么办才好呢？
　　Nà wǒmen gāi zěnme bàn cái hǎo ne?
B：嗯，让我想想。
　　Ng, ràng wǒ xiǎngxiang.
　　A：じゃあ、私たちはどうしたらいいの？
　　B：うーん、考えさせて。

★ "让我 ràng wǒ～" …私に～させて。"让我们～" の形で「一緒に～しよう」。例) "让我们一起努力！Ràng wǒmen yìqǐ nǔlì!（一緒に頑張ろう）"。

191 我不赞成！
Wǒ bú zànchéng!
▶ 私は反対です。

A：我们的项目坚持不下去了。放弃得了。
　　Wǒmen de xiàngmù jiānchíbuxiàqu le. Fàngqì dé le.
B：我不赞成！我还想继续。
　　Wǒ bú zànchéng! Wǒ hái xiǎng jìxù.
　　A：私たちのプロジェクトはもう続けていけなくなりました。断念しましょう。
　　B：私は反対です。まだ続けたいです。

★ "坚持不下去 jiānchíbuxiàqu" …頑張り続けられない。可能補語の否定形。"v下去" は「～し続ける」の派生義を持つ。
★ "放弃 fàngqì" …放棄する、断念する。

CHAPTER 3　69

192 真想不到。
Zhēn xiǎngbudào.

▶思いもよらなかった。

A：我孩子竟然得了满分！这可是第一次！
　　Wǒ háizi jìngrán déle mǎnfēn! Zhè kě shì dì yī cì!

B：**真想不到**。
　　Zhēn xiǎngbudào.

　　A：まさかうちの子が満点取るなんて、初めてよ！
　　B：本当に思ってもなかった。

★ "得 / 满分 dé mǎnfēn" …満点を取る。"拿一百分 ná yìbǎi fēn" とも。通常、「X点取る」は "得 dé [拿 ná/ 考 kǎo] X 分"。「零点を取った」は "考了零[鸭]蛋 kǎole líng[yā]dàn"。

193 别小看我。
Bié xiǎokàn wǒ.

▶見くびるなよ。

A：哟！你会弹钢琴！
　　Yo! Nǐ huì tán gāngqín!

B：**别小看我**。我从小就学钢琴。
　　Bié xiǎokàn wǒ. Wǒ cóngxiǎo jiù xué gāngqín.

　　A：えっ！ピアノ弾けるんだ！
　　B：見くびらないで。幼い頃からやってんだから。

★ "弹 / 钢琴 tán gāngqín" …ピアノを弾く。
★ "小看 xiǎokàn" …ばかにする、見下す。"瞧不起 qiáobuqǐ" や "看不起 kànbuqǐ" とも。
★ "从小 cóngxiǎo" …幼い頃から。

194 饶了我吧。
Ráole wǒ ba.

▶お許しください。

A：都怪我，**饶了我吧**。
　　Dōu guài wǒ, ráole wǒ ba.

B：饶不了你！
　　Ráobuliǎo nǐ!

　　A：私が全部悪いんです。お許しください。
　　B：許せない！

★ "怪 guài" …とがめる、責める、〜のせいにする。
★ "饶 ráo" …許す。"饶了我吧"は相手をかなり怒らせたときに使う謝罪の言葉。

195 决不可能。
Jué bù kěnéng.

▶ **絶対ありえない。**

A：我明天白手起家，挣大钱去！
　　Wǒ míngtiān báishǒu qǐ jiā, zhèng dàqián qù!

B：**决不可能**。你不是在说梦话吧?
　　Jué bù kěnéng. Nǐ bú shì zài shuō mènghuà ba?

　　A：明日から裸一貫で大金を稼ぐぞ。
　　B：絶対ありえない。寝言でも言ってるんじゃないの？

★ "白手起家 báishǒu qǐ jiā" …裸一貫から起業する。
★ "挣/钱 zhèngqián" …お金を稼ぐ。"赚/钱 zhuànqián" とも。
★ "说/梦话 shuō mènghuà" …たわごとを言う。

196 还凑合吧。
Hái còuhe ba.

▶ **まずまずだね。**

A：你现在和你老婆的关系怎么样?
　　Nǐ xiànzài hé nǐ lǎopo de guānxi zěnmeyàng?

B：**还凑合吧**。
　　Hái còuhe ba.

　　A：今、奥さんとの関係はどうなの？
　　B：まずまずだね。

★ "凑合 còuhe" …良くもないけどそう悪くもない、まずまずだ。

197 压力太大。
Yālì tài dà.

▶ **プレッシャーが大きすぎて。**

A：你最近好像瘦了。没事儿吧?
　　Nǐ zuìjìn hǎoxiàng shòu le. Méi shìr ba?

B：唉，最近睡眠不足。工作**压力太大**了。
　　Ai, zuìjìn shuìmián bùzú. Gōngzuò yālì tài dà le.

　　A：最近やせたみたいだね。大丈夫？
　　B：うん、最近睡眠不足で。仕事のプレッシャーもきつくて。

★ "压力 yālì" は「ストレス」または「プレッシャー」の意味で用いる。例えば、"生活压力 shēnghuó yālì（日々のストレス）"、"学习压力 xuéxí yālì（勉強のストレス）"、"工作压力 gōngzuò yālì（仕事のストレス）"。

198 理解万岁！
Lǐjiě wànsuì!
▶ わかってくれてうれしい。

A: 不是你不可爱，是他没眼力。
Bú shì nǐ bù kě'ài, shì tā méi yǎnlì.

B: 理解万岁！
Lǐjiě wànsuì!

　　A：君がかわいくないんじゃなくて、彼の見る目がないんだ。
　　B：わかってくれてうれしい。

★ "没眼力 méi yǎnlì" …見る目がない。

★ "万岁 wànsuì" …万歳。

199 说点别的吧。
Shuō diǎn biéde ba.
▶ ほかの話しようよ。

A: 谈政治没意思，说点别的吧。
Tán zhèngzhì méi yìsi, shuō diǎn biéde ba.

B: 好，换个话题吧。
Hǎo, huàn ge huàtí ba.

　　A：政治の話をするのはおもしろくない、ほかの話をしよう。
　　B：うん、テーマを変えましょう。

★ "换 / 话题 huàn huàtí" …話題を変える。

200 我想起来了！
Wǒ xiǎngqilai le!
▶ 思い出した！

A: 我想起来了！他就是那个"电玩达人"。
Wǒ xiǎngqilai le! Tā jiùshì nèige "Diànwán dárén".

B: 真的? 你肯定?
Zhēnde? Nǐ kěndìng?

　　A：思い出したよ。彼があの"ゲームの達人"だよね。
　　B：本当に？ 絶対に？

★「思い出せない」は "想不起来 xiǎngbuqilai"。可能補語の否定形を使う。

★ "电玩 diànwán" …"电子玩具"の略。テレビゲーム、携帯ゲームの類。

★ "达人 dárén" …達人。

201 慢慢考虑吧。
Mànmān kǎolǜ ba.

▶ゆっくり考えるよ。

A：你想找什么样的对象？
　　Nǐ xiǎng zhǎo shénmeyàng de duìxiàng?

B：我还小，不着急，**慢慢考虑吧**。
　　Wǒ hái xiǎo, bù zháojí, mànmān kǎolǜ ba.

　　A：結婚相手はどんな人がいいの？
　　B：私まだ若いし、焦ってないからゆっくり考えるわ。

★ "对象 duìxiàng" …結婚相手、フィアンセ。
★ "着/急 zháojí" …焦る、心配する、いらいらする。

202 帮帮忙好吗？
Bāngbangmáng hǎo ma?

▶手伝ってくれますか？

A：帮帮忙好吗？
　　Bāngbangmáng hǎo ma?

B：什么？我正忙着呢！
　　Shénme? Wǒ zhèng mángzhe ne!

　　A：手伝ってくれますか？
　　B：何？ 今忙しいんだけど！

203 我无法接受。
Wǒ wúfǎ jiēshòu.

▶受け入れられない。

A：我这种习惯，你能接受吗？
　　Wǒ zhèi zhǒng xíguàn, nǐ néng jiēshòu ma?

B：太奇怪了，**我无法接受**。
　　Tài qíguài le, wǒ wúfǎ jiēshòu.

　　A：私のこの習慣、受け入れられる？
　　B：とても変だよ。受け入れられない。

★ "接受 jiēshòu" …受け入れる、聞き入れる、了承する。
★ "无法 wúfǎ" … 〜するすべがない、〜できない＝ "没法 méifǎ"。

CHAPTER 3　73

204 这是两回事。
Zhè shì liǎng huí shì.

▶それとこれは違うんです。

A：爱情和友情是一回事吗?
Àiqíng hé yǒuqíng shì yì huí shì ma?

B：**这是两回事。**到时候你就明白了。
Zhè shì liǎng huí shì. Dào shíhou nǐ jiù míngbai le.

A：愛情と友情は同じかな。
B：違うでしょ。そのときが来たら君もわかるよ。

★ "这是两回事 zhè shì liǎng huí shì" …直訳は「これは2つの（異なる）ことなのです」＝ "这不是一回事。" "回" は量詞。

205 为什么是我?
Wèi shénme shì wǒ?

▶どうして私なの？

A：为什么是我?
Wèi shénme shì wǒ?

B：没办法，抽签儿定的。
Méi bànfǎ, chōuqiānr dìng de.

A：どうして私なの？
B：どうしようもないよ、くじで決まったんだから。

★ "抽 / 签儿 chōuqiānr" …くじ引きをする。

206 希望别这样。
Xīwàng bié zhèyàng.

▶そうならないといいな。

A：下雨的话，就只能推迟一天了。
Xiàyǔ de huà, jiù zhǐ néng tuīchí yì tiān le.

B：**希望别这样。**
Xīwàng bié zhèyàng.

A：雨が降ったら一日遅らせるしかないね。
B：そうならないといいな。

★ "推迟 tuīchí" …期日を遅らせる、延ばす、延期する。

207 你会后悔的。
Nǐ huì hòuhuǐ de.

▶ **後悔するよ。**

A：我不去了。
　　Wǒ bú qù le.

B：真的不去吗? 你会后悔的。
　　Zhēnde bú qù ma? Nǐ huì hòuhuǐ de.

　　A：行かないことにした。
　　B：本当に行かないの？ 後悔するよ。

★ "不 bù ～了 le" …～しないことにした。

★ "会 huì ～的 de" …きっと～のはずだ。"的"があるとより強い語気になる。

208 那就放心了。
Nà jiù fàngxīn le.

▶ **だったら安心した。**

A：你订的那家餐厅味道怎么样?
　　Nǐ dìng de nèi jiā cāntīng wèidao zěnmeyàng?

B：那家餐厅回头客很多，应该没问题。
　　Nèi jiā cāntīng huítóukè hěn duō, yīnggāi méi wèntí.

A：太好了。那就放心了。
　　Tài hǎo le. Nà jiù fàngxīn le.

　　A：あなたが予約したあの店、味はどうなの？
　　B：あの店はリピーターも多いしきっと問題ないよ。　A：良かった。なら安心ね。

★ "回头客 huítóukè" …リピーター。

209 不一定对吧。
Bù yídìng duì ba.

▶ **正しいとは限らないよ。**

A：不一定对吧。
　　Bù yídìng duì ba.

B：什么呀，是一定不对。
　　Shénme ya, shì yídìng bú duì.

　　A：正しいとは限らないよ。
　　B：何だって？ 絶対間違ってるよ。

★ ここの "是" は「間違いなくそうだ」という断定のニュアンス。

210 让我试试吧。
Ràng wǒ shìshi ba.

▶ちょっと私にやらせて。

A:让我试试吧。
　Ràng wǒ shìshi ba.

B:可以。但做起来很难呀。
　Kěyǐ. Dàn zuòqilai hěn nán ya.

　　A：ちょっと私にやらせてください。
　　B：いいですよ。でもやってみると難しいですよ。

★ "做起来 zuòqilai" …やってみると。"V 起来" は「～してみると」の派生義を持つ。

211 是因为我吗?
Shì yīnwei wǒ ma?

▶私のせいなの？

女:你和妈妈又吵架了？是因为我吗？
　Nǐ hé māma yòu chǎojià le? Shì yīnwei wǒ ma?

父:什么呀！跟你没关系。
　Shénme ya! Gēn nǐ méi guānxi.

　　娘：お母さんとまた喧嘩したの？　私のせい？
　　父：え？　おまえには関係ないよ。

212 我不会忘的。
Wǒ bú huì wàng de.

▶忘れることはない。

A:你记住了吗?
　Nǐ jìzhù le ma?

B:放心吧。我不会忘的。
　Fàngxīn ba. Wǒ bú huì wàng de.

　　A：覚えましたか。　　B：安心して、忘れっこないわ。

★ "记住了 jìzhù le" …記憶した、覚えた。"记" は覚えようとする行為を指す。"住" は「おさえる、固定する」ニュアンスの結果補語。例）"怎么记也记不住。Zěnme jì yě jìbuzhù.（どうしても覚えられない）"。

213 我看没必要。
Wǒ kàn méi bìyào.

▶必要ないと思います。

A：我要向他道歉吗?
Wǒ yào xiàng tā dàoqiàn ma?

B：**我看没必要。**
Wǒ kàn méi bìyào.

　A：彼に謝りましょうか。
　B：必要ないと思います。

★"向 xiàng 〜道 / 歉 dàoqiàn"…〜に謝る、〜に謝罪する。
★この"看"は「〜と思う」の意味。

214 听我的没错。
Tīng wǒ de méi cuò.

▶言うとおりにすれば間違いない。

A：我该怎么办?
Wǒ gāi zěnme bàn?

B：我出个主意，**听我的没错。**
Wǒ chū ge zhúyi, tīng wǒ de méi cuò.

　A：どうしたらいい？
　B：私が考える。言うとおりにすれば間違いないから。

★"出 / 主意 chū zhúyi"…意見を出す、知恵を出す。"主意 zhúyi"は慣用音。

215 我是认真的。
Wǒ shì rènzhēn de.

▶私はまじめだよ。

A：你真的想创业吗?
Nǐ zhēnde xiǎng chuàngyè ma?

B：**我是认真的。**这次我不能再错了。
Wǒ shì rènzhēn de. Zhèicì wǒ bù néng zài cuò le.

　A：本当に起業したいの？
　B：私はまじめだよ。今回はもう失敗できないんだ。

★"创 / 业 chuàngyè"…起業する。事業を始める。

CHAPTER 3

216 吓我一大跳。
Xià wǒ yí dà tiào.

▶ びっくりしたぁ。

A：哇！
　　Wa!
B：**吓我一大跳。**原来是你啊。
　　Xià wǒ yí dà tiào. Yuánlái shì nǐ a.

　　A：わっ！
　　B：びっくりした。なんだあなただったの。

★ "吓 xià" …びっくりさせる。

217 我好紧张哦。
Wǒ hǎo jǐnzhāng o.

▶ とっても緊張する / どきどきする。

A：这么多人啊。**我好紧张哦。**
　　Zhème duō rén a. Wǒ hǎo jǐnzhāng o.
B：没事儿。就当他们全是大白菜。
　　Méi shìr. Jiù dàng tāmen quán shì dàbáicài.

　　A：こんなにたくさん。どきどきするな。
　　B：大丈夫だよ。みんなかぼちゃだと思えばいいよ。

★「みんなかぼちゃだと思えばいい」は、中国語では "**大白菜** dàbáicài（白菜）" になる。

218 真令人怀念。
Zhēn lìng rén huáiniàn.

▶ 懐かしいなあ。

A：这首歌很长时间没听到了。
　　Zhèi shǒu gē hěn cháng shíjiān méi tīngdào le.
B：是啊，这个旋律，**真令人怀念。**
　　Shì a, zhèige xuánlǜ, zhēn lìng rén huáiniàn.

　　A：この歌、久しぶりに聞いた。
　　B：そうね、このメロディー、本当に懐かしい。

★ "**令人** lìng rén ～" …人を～な気持ちにさせる。自分がその気持ちになるときに使う。
　例）"**令人羡慕** xiànmù（うらやましい）"、"**令人尴尬** gāngà（きまりが悪い）"。

CHAPTER 3

219 真令人失望。
Zhēn lìng rén shīwàng.

▶ **本当にがっかり。**

A：这次旅行因为人数不够取消了。
Zhèicì lǚxíng yīnwei rénshù bú gòu qǔxiāo le.

B：**真令人失望。**
Zhēn lìng rén shīwàng.

　　A：今回の旅行は人数が足りなくて取り消しになったよ。
　　B：本当にがっかり。

★ "取消 qǔxiāo" …取り消す、キャンセルする。

220 我不能不管。
Wǒ bù néng bù guǎn.

▶ **ほっとけないんだよ。**

A：这件事儿**我不能不管**，你说是吧？
Zhèi jiàn shìr wǒ bù néng bù guǎn, nǐ shuō shì ba?

B：就你有本事！
Jiù nǐ yǒu běnshì!

　　A：このことはほっとけないな。そうじゃない？
　　B：思い上がってるんじゃないの？

★ "不能不 bù néng bù～" …～しないわけにいかない。

★ "就你有本事 Jiù nǐ yǒu běnshì" …あなただけがその才能がある。ここでの意味は「自分だけがその役割を持っていると思い上がるな」とけなす、説教的ニュアンスがある。

221 这太离谱了。
Zhè tài lípǔ le.

▶ **それはありえない / 常識からかけはなれている。**

A：**这太离谱了。**这电视剧居然是这样的结尾。
Zhè tài lípǔ le. Zhè diànshìjù jūrán shì zhèyàng de jiéwěi.

B：是啊，但中国人都喜欢这种大团圆的结尾吧。
Shì a, dàn Zhōngguórén dōu xǐhuan zhèi zhǒng dàtuányuán de jiéwěi ba.

　　A：ありえない。このドラマ、まさかこんなエンディングだとは。
　　B：うん。でも、中国人はこういうハッピーエンドが好きだからね。

★ "离 / 谱 lípǔ" …ルールや筋道からはずれる。

★ "电视剧 diànshìjù" …ドラマ。「連続ドラマ」は "电视连续剧 diànshì liánxùjù"。

★ "结尾 jiéwěi" …結末、エンディング。　★ "大团圆 dàtuányuán" …ハッピーエンド。

CHAPTER 3　79

222 如果我是你。
Rúguǒ wǒ shì nǐ.

▶もし私が君だったら。

A：**如果我是你**，我就和这样的人说"拜拜"。
Rúguǒ wǒ shì nǐ, wǒ jiù hé zhèyàng de rén shuō "Báibai".

B：可惜你不是我。
Kěxī nǐ bú shì wǒ.

　　A：もし私があなただったら、そんな人とは"バイバイ"するわ。
　　B：残念だけど君は僕じゃないもの。

★"可惜 kěxī"…惜しい、残念である。

★"拜拜"…本来の発音表記は"bàibai"で、"báibai"は慣用音。

223 跟谁都不能说。
Gēn shéi dōu bù néng shuō.

▶誰にも言っちゃだめだよ。

A：一定要保密啊。**跟谁都不能说。**
Yídìng yào bǎomì a. Gēn shéi dōu bù néng shuō.

B：我知道，放心好了。
Wǒ zhīdao, fàngxīnhǎo le.

　　A：絶対内緒だよ。誰にも言っちゃだめだよ。
　　B：わかってるよ、安心して。

★"保／密 bǎomì"…秘密を守る。

★"放心好了 fàngxīnhǎo le"…"好"は結果補語。「十分安心してください」と念を押すニュアンス。

224 一点儿都不懂。
Yìdiǎnr dōu bù dǒng.

▶ちっともわからない。

A：我没学过法语，**一点儿都不懂。**
Wǒ méi xuéguo Fǎyǔ, yìdiǎnr dōu bù dǒng.

B：我学过是学过，但都还给老师了。
Wǒ xuéguo shì xuéguo, dàn dōu huángei lǎoshī le.

　　A：フランス語勉強したことがないから、ちっともわからない。
　　B：私は勉強したにはしたけど、全部忘れちゃった。

★"还给老师了 huángei lǎoshī le"…以前学んだことを忘れたことは「先生に返してしまった」と表現する。

225 有点不对劲儿。
Yǒudiǎn bú duìjìnr.

▶ちょっと変だな。

A：**有点不对劲儿。**你觉得呢？
　Yǒudiǎn bú duìjìnr. Nǐ juéde ne?

B：哪里不对劲儿？ 我觉得没有什么问题。
　Nǎli bú duìjìnr? Wǒ juéde méi yǒu shénme wèntí.

　　A：ちょっと変だな。どう思う？
　　B：どこが変なの？ 何の問題もないと思うけど。

★"对劲儿 duìjìnr"…正しい、正常である。

226 我今天真走运！
Wǒ jīntiān zhēn zǒuyùn!

▶今日はついてるなあ。

A：**我今天真走运！**
　Wǒ jīntiān zhēn zǒuyùn!

B：是啊，我也跟着沾光了。
　Shì a, wǒ yě gēnzhe zhānguāng le.

　　A：今日はついてるなあ。
　　B：そうね、私も恩恵にあずかったわ。

★"走 / 运 zǒuyùn"…運がいい、ついている。

227 这也太奇怪了。
Zhè yě tài qíguài le.

▶これも変だよ。

A：**这也太奇怪了，**反倒是我无事生非了？
　Zhè yě tài qíguài le, fǎndào shì wǒ wú shì shēng fēi le?

B：本来就是。
　Běnlái jiùshì.

　　A：これも変だね、逆に私が余計なことをやったのかな。
　　B：もともとそうなんだよ。

★"反倒 fǎndào"…かえって、反対に。

★"无事生非 wú shì shēng fēi"…理由もなく余計なことを起こす。

CHAPTER 3

228 没什么可说的。
Méi shénme kě shuō de.

▶ 言うべきことなんてないよ。

A：今后怎么办，你说说看。
Jīnhòu zěnme bàn, nǐ shuōshuo kàn.

B：**没什么可说的**。好好学习，天天向上呗。
Méi shénme kě shuō de. Hǎohāo xuéxí, tiāntiān xiàngshàng bei.

　　A：これからどうするか、言ってごらん。
　　B：何も言うことはないよ。ちゃんと勉強して向上していくだけ。

★ "好好学习，天天向上 hǎohāo xuéxí, tiāntiān xiàngshàng" …しっかり勉強し、日々向上する。"天天"は「毎日」。

★ "呗 bei" …「わかりきったことでしょ、そんなもんでしょ」というニュアンスがある。

229 不关我的事儿。
Bù guān wǒ de shìr.

▶ 私には関係ない。

A：最近油价波动得很厉害。
Zuìjìn yóujià bōdòngde hěn lìhai.

B：**不关我的事儿**，我又不开车。
Bù guān wǒ de shìr, wǒ yòu bù kāichē.

　　A：最近ガソリンの価格の変動が激しいね。
　　B：私には関係ないよ。別に車を運転しないから。

★ "油价 yóujià" = "汽油的价格 qìyóu de jiàgé" …ガソリンの価格。

★ "波动 bōdòng" …不安定である、変動が激しい。

★この"又"は「また」ではなく、否定を強める副詞として用いている。

230 就求你这一次。
Jiù qiú nǐ zhè yí cì.

▶ 一生のお願いです。

A：求你了！**就求你这一次**。
Qiú nǐ le! Jiù qiú nǐ zhè yí cì.

B：那也没门儿。
Nà yě méi ménr.

　　A：お願い！ 一生のお願いです。
　　B：それでもだめだよ。

★ "没/门儿 méi ménr" …無理だ、だめだ。

231 吓得腿直哆嗦。
Xiàde tuǐ zhí duōsuo.

▶ びっくりして足ががたがたしてる。

A：看他那胆小鬼的样儿！
　　Kàn tā nà dǎnxiǎoguǐ de yàngr!

B：就是，**吓得腿直哆嗦**！真丢人！
　　Jiùshi, xiàde tuǐ zhí duōsuo! Zhēn diūrén!

　　A：見て、彼のあの肝っ玉の小さいこと。
　　B：本当、びっくりして足ががたがたしてる。恥ずかしいね。

★ "胆小鬼 dǎnxiǎoguǐ" …臆病者。"～鬼"で「～者、～な奴」というマイナスの語を作る。
　例）"懒鬼 lǎnguǐ（怠け者）"、"酒鬼 jiǔguǐ（大酒飲み）"、"烟鬼 yānguǐ（ヘビースモーカー）"。
★ "哆嗦 duōsuo" …震える。　★ "丢 / 人 diūrén" …恥ずかしい、恥をかく。

232 这事儿不好办。
Zhèi shìr bù hǎo bàn.

▶ それは難しいな。

A：下节课你能不能替我答"到"？
　　Xià jié kè nǐ néng bu néng tì wǒ dá "dào"?

B：**这事儿不好办**，要是被老师发现就完了。
　　Zhèi shìr bù hǎo bàn, yàoshi bèi lǎoshī fāxiàn jiù wán le.

　　A：次の授業、代返してくれない？
　　B：それは難しいな。先生に見つかったら終わりだよ。

★ "到 dào"は点呼で名前を呼ばれたときに返す「はい」にあたる。
★ "被 bèi ～发现 fāxiàn" … ～に見つかる、～に気づかれる。

233 不讨厌也不喜欢。
Bù tǎoyàn yě bù xǐhuan.

▶ 好きでも嫌いでもない。

A：你觉得新来的店长怎么样？
　　Nǐ juéde xīn lái de diànzhǎng zěnmeyàng?

B：一般。**不讨厌也不喜欢**。
　　Yìbān. Bù tǎoyàn yě bù xǐhuan.

　　A：新しく来た店長、どう思う？
　　B：普通かな、好きでもないし、嫌いでもない。

234 听起来挺复杂的。
Tīngqilai tǐng fùzá de.

▶ 聞けばややこしいね。

A: 听起来挺复杂的。
　 Tīngqilai tǐng fùzá de.

B: 其实没那么难。
　 Qíshí méi nàme nán.

　　A: 聞けばややこしいね。
　　B: 実際はそんなに難しくないよ。

---

235 要是那样就好了。
Yàoshi nàyàng jiù hǎo le.

▶ そうだったらいいのにな。

A: 要是我有哆啦A梦，好多愿望就能实现了。
　 Yàoshi wǒ yǒu Duō lā A mèng, hǎoduō yuànwàng jiù néng shíxiàn le.

B: 是啊，**要是那样就好了**。
　 Shì a, yàoshi nàyàng jiù hǎo le.

　　A: もし私にドラえもんがいたら、たくさんの願い事が叶うのにな。
　　B: そうだね、そうだったらいいのにね。

★ "愿望 yuànwàng" …願い、願望。

---

236 简直像做梦一样。
Jiǎnzhí xiàng zuòmèng yíyàng.

▶ 夢見てるみたい。

A: 终于来到长城了，**简直像做梦一样**。
　 Zhōngyú láidào Chángchéng le, jiǎnzhí xiàng zuòmèng yíyàng.

B: "不到长城非好汉"，你也当上真正的"好汉"了。
　 "Bú dào Chángchéng fēi hǎohàn", nǐ yě dāngshàng zhēnzhèng de "Hǎohàn" le.

　　A: とうとう万里の長城に来たよ。夢を見てるみたいだ。
　　B: "長城に行かずんば男に非ず"、君もこれで本当の男になったね。

★ "终于 zhōngyú" …ついに。

★ "好汉 hǎohàn" …好漢、りっぱな男。

★ "当上 dāngshàng" … 〜になった。"上"は結果補語。

237 怎么会没事儿呢?
Zěnme huì méi shìr ne?

▶ **大丈夫なわけないよ。**

A：你会汉语，一个人去中国旅行，没事儿的。
Nǐ huì Hànyǔ, yí ge rén qù Zhōngguó lǚxíng, méi shìr de.

B：**怎么会没事儿呢?** 我第一次去，什么都不知道。
Zěnme huì méi shìr ne? Wǒ dì yī cì qù, shénme dōu bù zhīdào.

　A：中国語ができるんだから一人で中国旅行は大丈夫でしょう。
　B：大丈夫なわけないでしょう。初めて行くんだし、何もわからないよ。

★ "会汉语"は「中国語がうまい」。ある程度のラインに達していてうまいことを表す。このほか、"很会吉他 jítā（ギターがとてもうまい）"、"会电脑 diànnǎo（パソコンができる）"なども言える。

238 你不说我也知道。
Nǐ bù shuō wǒ yě zhīdao.

▶ **言わなくてもわかるよ。**

A：别问了！我不想说。
Bié wèn le! Wǒ bù xiǎng shuō.

B：其实，**你不说我也知道。**
Qíshí, nǐ bù shuō wǒ yě zhīdao.

　A：聞かないで。言いたくないし。
　B：本当は、言わなくてもわかるよ。

239 我还是第一次听说。
Wǒ háishi dì yī cì tīngshuō.

▶ **初耳だよ。**

A：她和她姐都生了一对儿龙凤胎！
Tā hé tā jiě dōu shēngle yí duìr lóngfèngtāi!

B：这种事情太神了！**我还是第一次听说。**
Zhèi zhǒng shìqing tài shén le! Wǒ háishi dì yī cì tīngshuō.

　A：彼女もお姉さんも、男の子と女の子の双子を産んだんだって。
　B：それはびっくりだな。初めて聞いたよ。

★ "龙凤胎 lóngfèngtāi" …男の子と女の子の双子。

★ "神 shén" …不思議だ、驚きだ。

240 我不知道，也不想知道。
Wǒ bù zhīdào, yě bù xiǎng zhīdao.

▶知らないし、知りたくもない。

A：你知道她的男朋友是谁吗?
　Nǐ zhīdao tā de nánpéngyou shì shéi ma?

B：**我不知道，也不想知道。**
　Wǒ bù zhīdào, yě bù xiǎng zhīdao.

　　A：彼女の彼氏って誰か知ってる？
　　B：知らないし、知りたくもない。

241 等想起来了再告诉你。
Děng xiǎngqilai le zài gàosu nǐ.

▶思い出したら言うね。

A：你的生日快到了。想要什么生日礼物?
　Nǐ de shēngrì kuài dào le. Xiǎng yào shénme shēngrì lǐwù?

B：没有什么特别想要的东西。**等想起来了再告诉你。**
　Méi yǒu shénme tèbié xiǎng yào de dōngxi. Děng xiǎngqilaile zài gàosu nǐ.

　　A：もうすぐ君の誕生日だね。どんなプレゼントが欲しい？
　　B：特に欲しいものはないな。思い出したら言うね。

★ "等 děng 〜再 zài …" は「〜してから…する」。

242 我只是跟你私下说说。
Wǒ zhǐshì gēn nǐ sīxià shuōshuo.

▶ここだけの話だよ。

A：这些话你可不能在他面前说。
　Zhè xiē huà nǐ kě bù néng zài tā miànqián shuō.

B：我知道。**我只是跟你私下说说。**
　Wǒ zhīdao. Wǒ zhǐshì gēn nǐ sīxià shuōshuo.

　　A：この話は彼の前では言っちゃだめだよ。
　　B：わかってる。ここだけの話だから。

★ "私下 sīxià" …ひそかに、内輪で。"我只是跟你私下说说" は、かなり親しい間柄で使う表現。

CHAPTER 4
プラス表現 フレーズ

うれしい気持ちや感動を言葉に出して共有すれば、
相手ともっと仲良くなれるはず。
相手をほめる表現や、元気のない人を励ます表現も満載です。

243 放松。
Fàngsōng.
▶ リラックス、リラックス。

A：我好紧张哟！
Wǒ hǎo jǐnzhāng yo!

B：**放松，放松**。来，深呼吸。
Fàngsōng, fàngsōng. Lái, shēnhūxī.

　A：どきどきする。
　B：リラックス、リラックス。さあ、深呼吸して。

244 多保重。
Duō bǎozhòng.
▶ 気をつけてね。

A：最近身体不太好。
Zuìjìn shēntǐ bú tài hǎo.

B：**多保重**。
Duō bǎozhòng.

　A：最近体調あんまり良くないんだ。
　B：気をつけてね。

★ "保重 bǎozhòng" …健康に留意する。「体に気をつけて」と相手に向かって言う。

245 重来吧！
Chóng lái ba!
▶ もう一回やってごらん。

A：没什么大不了的。**重来吧**！
Méi shénme dàbuliǎo de. Chónglái ba!

B：没那么简单。我本来就没有运动细胞。
Méi nàme jiǎndān. Wǒ běnlái jiù méi yǒu yùndòng xìbāo.

　A：たいしたことないから、もう一回やってごらん。
　B：そんなに簡単じゃないよ。もともと運動神経悪いんだから。

★ "重来 chónglái" …もう一度やる。

★ "没有运动细胞 méi yǒu yùndòng xìbāo" …運動神経がない。「運動神経がいい」は、"运动神经很发达 yùndòng shénjīng hěn fādá"。

246 你真行！
Nǐ zhēn xíng!

▶ すごいね / えらいね。

A：昨天领导表扬我了。
Zuótiān lǐngdǎo biǎoyáng wǒ le.

B：真的? 你真行！
Zhēnde? Nǐ zhēn xíng!

　A：昨日上司にほめられたんだ。
　B：本当に？ すごいね。

★ "领导 lǐngdǎo" …指導者。「上司」の意味でも用いる。

★ "表扬 biǎoyáng" …ほめる、表彰する。

247 相当好。
Xiāngdāng hǎo.

▶ かなりいいですよ。

A：我的发音怎么样?
Wǒ de fāyīn zěnmeyàng?

B：相当好。你真的是自学的吗?
Xiāngdāng hǎo. Nǐ zhēnde shì zìxué de ma?

　A：私の発音はどうですか。
　B：かなりいいですよ。本当に独学ですか？

★ "相当好" は "相当不错 xiāngdāng búcuò" とも。

★ "自学 zìxué" …独学。

248 太神了！
Tài shén le!

▶ すごい！

A：(跺脚) 你看，一有声音灯就亮了。
(duòjiǎo) Nǐ kàn, yì yǒu shēngyīn dēng jiù liàng le.

B：哇噻，太神了。
Wasai, tài shén le.

　A：(床、地面をドンと踏む) ほら、音がしたら明かりがつくよ。
　B：わあ、すごい！

★ 音に反応して、光るライトのことを "感应灯 gǎnyìngdēng" という。中国の大学やマンションでよく見られる。

★ "哇噻 wasai" …驚いたときに用いる感嘆詞、広東語から来た。

CHAPTER 4

249 有眼光。
Yǒu yǎnguāng.
▶ **お目が高い。**

A：好漂亮！这个最贵吧？
　　Hǎo piàoliang! Zhèige zuì guì ba?
B：没错！**有眼光**。
　　Méi cuò! Yǒu yǎnguāng.

　　A：きれいだわ、これが一番高いんでしょう。
　　B：確かに！ お目が高いですね。

★ "有 / 眼光 yǒu yǎnguāng" …お目が高い、見る目がある。

250 真聪明！
Zhēn cōngming!
▶ **賢いなあ！**

A：这样做就没问题了！
　　Zhèyàng zuò jiù méi wèntí le!
B：哎呀，**真聪明**！
　　Aiya, zhēn cōngming!

　　A：こうすれば解決しますね。
　　B：わぁ、賢いなあ。

251 好漂亮！
Hǎo piàoliang!
▶ **すばらしいね / きれいだね。**

A：你看到刚才的射门了吗？
　　Nǐ kàndào gāngcái de shèmén le ma?
B：看了。**好漂亮**！
　　Kàn le. Hǎo piàoliang!

　　A：さっきのシュート見た？
　　B：見たよ。すばらしかったね！

★ "射 / 门 shèmén" …シュート（する）。
★ "漂亮 piàoliang" は女性や景色が美しいことに使うのはもちろん、（スポーツの）プレーがすばらしいことにも使う。

252 真可爱。
Zhēn kě'ài.

▶ かわいいねぇ。

A：孩子睡得多香啊！
　Háizi shuìde duō xiāng a!

B：**真可爱。**
　Zhēn kě'ài.

　A：（子供が）すやすやと眠ってるね。
　B：かわいいねぇ。

★ "香 xiāng" は「香りや味がいい」ことに使うが、「熟睡している」意味でも使う。

253 别灰心。
Bié huīxīn.

▶ がっかりしないで。

A：这次考试考得乱七八糟，肯定挂了。
　Zhèicì kǎoshì kǎode luàn qī bā zāo, kěndìng guà le.

B：**别灰心。** 下次努力。
　Bié huīxīn. Xiàcì nǔlì.

　A：今回の試験はめちゃくちゃだった、間違いなく落としたよ。
　B：がっかりしないで、次頑張ろう。

★ "乱七八糟 luàn qī bā zāo" …めちゃくちゃである。
★ "灰 / 心 huīxīn" …がっかりする、気落ちする。

254 太逗了！
Tài dòu le!

▶ おもしろい。

A：你看他那样子！真有意思。
　Nǐ kàn tā nà yàngzi! Zhēn yǒuyìsi.

B：哇，**太逗了！**
　Wa, tài dòu le!

　A：彼のあの姿見て！ おもしろい。
　B：わあ、おもしろい。

★ "逗 dòu" …おもしろい、ユーモラスである。

CHAPTER 4　91

255 不要紧。
Bú yàojǐn.
▶ **大丈夫だよ。**

A：我想要的畅销书卖光了。怎么办?
Wǒ xiǎng yào de chàngxiāoshū màiguāng le. Zěnme bàn?

B：**不要紧**，去别的店看看吧。
Bú yàojǐn, qù biéde diàn kànkan ba.

　　A：私の欲しかったベストセラーの本、売り切れたよ。どうしよう。
　　B：大丈夫、ほかの店に行って見てみよう。

★ "畅销书 chàngxiāoshū" …ベストセラー。

★ "卖光了 màiguāng le" …売り切れた。"光"はきれいになくなることを表す結果補語。

256 别担心。
Bié dānxīn.
▶ **心配しないで。**

A：真的没问题吗?
Zhēnde méi wèntí ma?

B：**别担心**。有我在。
Bié dānxīn. Yǒu wǒ zài.

　　A：本当に大丈夫ですか。
　　B：心配しないで。私がいるから。

★ "担 / 心 dānxīn" …心配する。

257 我不介意。
Wǒ bú jièyì.
▶ **気にしないよ。**

A：说实话，我离过婚，还有一个孩子。
Shuō shíhuà, wǒ líguo hūn, hái yǒu yí ge háizi.

B：早就知道，**我不介意**。
Zǎojiù zhīdao, wǒ bú jièyì.

　　A：実は、私は離婚もしてるし、子供も一人いるんだ。
　　B：とっくに知っています。気にしてませんよ。

★ "早就 zǎojiù" …とっくに。

★ "介 / 意 jièyì" …気にかける、気にする。

258 真是有缘！
Zhēn shì yǒu yuán!
▶奇遇だね。

A：啊，我们又见面了。
　　A, wǒmen yòu jiànmiàn le.
B：**真是有缘！**
　　Zhēn shì yǒuyuán!

　　A：あ、また会いましたね。
　　B：奇遇ですね。

★ "有/缘 yǒuyuán"…縁がある。

259 不要勉强。
Búyào miǎnqiǎng.
▶無理しないで。

A：你那么忙，能出来吗？**不要勉强。**
　　Nǐ nàme máng, néng chūlai ma? Búyào miǎnqiǎng.
B：没事儿，出去两小时没关系。
　　Méi shìr, chūqu liǎng xiǎoshí méi guānxi.

　　A：そんなに忙しいのに、出てこれる？ 無理しないで。
　　B：大丈夫だよ、２時間くらい出るのは問題ないよ。

★ "勉强 miǎnqiǎng"…無理強いする。日本語の「勉強する」意味はない。

260 不会错的。
Bú huì cuò de.
▶間違えっこないから。

A：真的是你说的那样？
　　Zhēnde shì nǐ shuō de nèiyàng?
B：放心吧，**不会错的。**
　　Fàngxīn ba, bú huì cuò de.

　　A：本当にあなたの言うとおりなの？
　　B：安心して、間違えっこないから。

CHAPTER 4

261 祝你好运！
Zhù nǐ hǎoyùn!

▶ 幸運を祈る。

A：该我上场了。
　　Gāi wǒ shàngchǎng le.
B：加油！祝你好运！
　　Jiāyóu! Zhù nǐ hǎoyùn!

　　A：さあ、出番だ。
　　B：頑張って、幸運を祈るわ。

★ "上 / 场 shàngchǎng" …出場する、登場する、舞台に上がる。

262 好羡慕啊！
Hǎo xiànmù a!

▶ いいなあ / うらやましいなあ。

A：他中了三百万！
　　Tā zhòngle sānbǎi wàn!
B：好羡慕啊！我怎么中不了啊！
　　Hǎo xiànmù a! Wǒ zěnme zhòngbuliǎo a!

　　A：彼、300万当たったんだって。
　　B：うらやましいな。何で私が当たらないんだろう。

★ "中 zhòng" …当たる。ここは "中 / 奖 zhòngjiǎng（クジに当たる）" の意味。声調に注意。ほかには "中 / 毒 zhòngdú（毒にあたる）" も "中" を使う。

263 令人佩服。
Lìng rén pèifu.

▶ 感心するね。

A：那位老师的看法不简单。令人佩服。
　　Nèi wèi lǎoshī de kànfǎ bù jiǎndān. Lìng rén pèifu.

　　A：あの先生の考えはたいしたもんだ。感心するよ。

★ "不简单 bù jiǎndān" …直訳は「簡単 / 単純ではない」だが、ここは「たいしたものだ、すばらしい」の意味で使っている。
★ "佩服 pèifu" …感心する、敬服する、頭が下がる。

264 太精彩了。
Tài jīngcǎi le.

▶ すばらしいね。

A：我看《霸王别姬》了。
　Wǒ kàn《Bàwáng biéjī》le.

B：我也看了。**太精彩了。**
　Wǒ yě kàn le. Tài jīngcǎi le.

　　A：私『覇王別姫』見たよ。
　　B：僕も見た。すばらしかったね。

★《霸王别姬》…邦題『さらば、わが愛』。レスリー・チャン主演の1993年の映画。

265 真体贴人。
Zhēn tǐtiē rén.

▶ 優しいね / 気が利く。

A：你别忘了吃药，别干重活啊。
　Nǐ bié wàngle chīyào, bié gàn zhònghuó a.

B：**真体贴人。**谢谢！
　Zhēn tǐtiē rén. Xièxie!

　　A：薬飲むの忘れないで、あんまりきつい仕事したらだめだよ。
　　B：本当に優しいね。ありがとう。

★ "干 / 活 gànhuó" …仕事をする＝"工作 gōngzuò"、"做 / 工作 zuò gōngzuò"。

★ "体贴 tǐtiē" …思いやりがある、気を使う。

266 真有人缘儿。
Zhēn yǒu rényuánr.

▶ みんなに好かれてるんだね。

A：他一来，好多人都跟他打招呼。
　Tā yì lái, hǎoduō rén dōu gēn tā dǎ zhāohu.

B：**真有人缘儿。**
　Zhēn yǒu rényuánr.

　　A：彼がひとたび来るとたくさんの人が彼に挨拶をするね。
　　B：本当に人気者だね。

★ "跟 gēn [和 hé] ～打 / 招呼 dǎ zhāohu" … ～に挨拶をする。

★ "人缘儿 rényuánr" …他人受け、人付き合い。

CHAPTER 4

267 碰碰运气吧。
Pèngpeng yùnqi ba.
▶ まあやってみたら。

A：我不知道能不能成功。
　　Wǒ bù zhīdào néng bu néng chénggōng.
B：**碰碰运气吧**。
　　Pèngpeng yùnqi ba.

　　A：成功するかどうかわからないけど。
　　B：まあ、やってみましょう。

★ "碰 / 运气 pèng yùnqi" …運試ししてみる。

268 挺好玩儿的。
Tǐng hǎowánr de.
▶ かわいいね / おもしろいね。

A：这是你养的小狗吗？**挺好玩儿的**。
　　Zhè shì nǐ yǎng de xiǎogǒu ma? Tǐng hǎowánr de.
B：是，刚刚三个月。
　　Shì, gānggāng sān ge yuè.

　　A：あなたが飼ってる犬？ とってもかわいいね。
　　B：うん。まだ3ヶ月なんです。

★ "养 / 狗 yǎng gǒu" …犬を飼う。同じ "养" を使う例に "养 / 花 huā（花を育てる）"。
★ "好玩儿 hǎowánr" …（子供や動物が）かわいい。（事物や人柄が）おもしろい。
★ "刚刚 gānggāng" …ちょうど～したばかり。

269 总会有办法。
Zǒng huì yǒu bànfǎ.
▶ きっと何とかなるよ。

A：以后的事谁都无法预知。
　　Yǐhòu de shì shéi dōu wúfǎ yùzhī.
B：是啊，但**总会有办法**。走一步看一步吧。
　　Shì a, dàn zǒng huì yǒu bànfǎ. Zǒu yíbù kàn yíbù ba.

　　A：これからのことは誰も予測できないよ。
　　B：そうだね、でもきっと何とかなるよ。様子を見ましょう。

★ "预知 yùzhī" …予知する、事前に知る。
★ この "总 zǒng" は「どうしたって、結局のところは」。
★ "走一步看一步 zǒu yíbù kàn yíbù" …ぼちぼちやって様子を見よう。

270 好好儿干吧。
Hǎohāor gàn ba.

▶ちゃんとやってよ／頑張ってよ。

A：我终于找到理想的工作了。
　　Wǒ zhōngyú zhǎodào lǐxiǎng de gōngzuò le.

B：**好好儿干吧**。真不容易。
　　Hǎohāor gàn ba. Zhēn bù róngyì.

　　A：ついに理想の仕事が見つかったの。
　　B：しっかりね。やっとのことで見つけたんだから。

271 慢慢就好了。
Mànmān jiù hǎo le.

▶そのうち良くなるよ。

A：我刚到这儿，人生地不熟。
　　Wǒ gāng dào zhèr, rén shēng dì bù shú.

B：没关系。**慢慢就好了**。
　　Méi guānxi. Mànmān jiù hǎo le.

　　A：来たばかりなので、土地に不慣れで。
　　B：大丈夫ですよ。そのうち慣れますよ。

★ "人生地不熟 rén shēng dì bù shú" …土地も知らなければ、知り合いもいない。"生" は「知らない、慣れていない」の意。

272 我真服了你。
Wǒ zhēn fúle nǐ.

▶ほんと、感心する。

A：你脸皮真厚！**我真服了你**。
　　Nǐ liǎnpí zhēn hòu! Wǒ zhēn fúle nǐ.

B：脸皮厚也是本事啊！
　　Liǎnpí hòu yě shì běnshi a!

　　A：ずうずうしいねえ。本当に感心するな。
　　B：ずうずうしいのも才能だよ。

★ "脸皮厚 liǎnpí hòu" …面の皮が厚い＝ずうずうしい。

★ "本事 běnshi" …才能、能力。

CHAPTER 4

273 太适合你了。
Tài shìhé nǐ le.

▶ぴったりだね。

A：这件衣服，太适合你了。
　　Zhèi jiàn yīfu, tài shìhé nǐ le.
B：穿着也很舒服。那就买了吧。
　　Chuānzhe yě hěn shūfu. Nà jiù mǎi le ba.

　　A：この服、あなたにぴったりだね。
　　B：着心地もいいよ。じゃあ買おうかな。

★"适合 shìhé"…ぴったりだ、ちょうど合う、ふさわしい。

274 好得没话说。
Hǎode méi huà shuō.

▶言うことないくらい最高！

A：他们的售后服务怎么样？
　　Tāmen de shòuhòu fúwù zěnmeyàng?
B：好得没话说。没有意见。
　　Hǎode méi huà shuō. Méi yǒu yìjiàn.

　　A：彼らのアフターサービスはどうですか。
　　B：言うことないくらいいいよ。不満はないね。

★"售后服务 shòuhòu fúwù"…アフターサービス。

★"好得没话说"の類似表現で"好得不能再好了 hǎode bù néng zài hǎo le（これ以上ないくらいいい)"とも言える。

275 真的很方便。
Zhēnde hěn fāngbiàn.

▶本当に便利だね。

A：从北京到天津只要三十分钟。
　　Cóng Běijīng dào Tiānjīn zhǐ yào sānshí fēnzhōng.
B：真的很方便。
　　Zhēnde hěn fāngbiàn.

　　A：北京から天津までたった30分だって。
　　B：本当に便利だね。

★"从 cóng～到 dào～"…～から～まで。"～"には場所も時間も入れることができる。

276 消息真灵通。
Xiāoxi zhēn língtōng.
▶ 情報通だね。

A：听说你要荣升了。恭喜啊！
　　Tīngshuō nǐ yào róngshēng le. Gōngxǐ a!
B：**消息真灵通。**听谁说的？
　　Xiāoxi zhēn língtōng. Tīng shéi shuō de?

　　A：昇進だそうですね。おめでとうございます。
　　B：情報通だね。誰に聞いたの？

★ "荣升 róngshēng" …昇進する。
★ "灵通 língtōng" …（情報に）よく通じている。

277 是你多心了。
Shì nǐ duōxīn le.
▶ 考えすぎだよ。

A：我根本就没这意思。**是你多心了。**
　　Wǒ gēnběn jiù méi zhèi yìsi. Shì nǐ duōxīn le.
B：别狡辩了。你就是这个意思。
　　Bié jiǎobiàn le. Nǐ jiùshì zhèige yìsi.

　　A：全くそのつもりはないんです。考えすぎですよ。
　　B：下手な言い訳しないでよ。そういう意味なんでしょ。

★ "根本 gēnběn" …（否定文で）全く、根っから、始めから。
★ "狡辩 jiǎobiàn" …ずるい言い訳をする。うまく言い逃れる。

278 打起精神来！
Dǎqǐ jīngshen lai!
▶ 元気出して！

A：别灰心，**打起精神来！**
　　Bié huīxīn, dǎqǐ jīngshen lai!
B：说起来容易做起来难啊！
　　Shuōqilai róngyì zuòqilai nán a!

　　A：がっかりしないで、元気出して！
　　B：言うのは簡単だけど、やるのは難しいよ。

★「誰かを元気づける」は "给 gěi ～打 / 气 dǎqì"。"打 / 气" の本来の意味は、タイヤなどの空気を入れること。

279 机会有的是。
Jīhuì yǒudeshì.

▶チャンスはたくさんあるよ。

A：只有我没有男朋友，太不公平了。
　　Zhǐ yǒu wǒ méi yǒu nánpéngyou, tài bù gōngpíng le.

B：别着急，**机会有的是**。
　　Bié zháojí, jīhuì yǒudeshì.

　　A：私だけ彼氏がいない。不公平だわ。
　　B：あせっちゃだめ、チャンスはたくさんあるから。

★ "有的是 yǒudeshì" …たくさんある。"有的是" の前にも後ろにも名詞を置ける。

280 保持平常心。
Bǎochí píngchángxīn.

▶平常心を保って。

A：明天有个面试，太紧张了。
　　Míngtiān yǒu ge miànshì, tài jǐnzhāng le.

B：放松一点儿，**保持平常心**。
　　Fàngsōng yìdiǎnr, bǎochí píngchángxīn.

　　A：明日面接があるんだ、緊張するよ。
　　B：リラックスして、平常心を保ってね。

281 还是你厉害。
Háishi nǐ lìhai.

▶やっぱすごいね。

A：不用隐瞒了，我都知道了。
　　Búyòng yǐnmán le, wǒ dōu zhīdao le.

B：**还是你厉害**。我服了你了。
　　Háishi nǐ lìhai. Wǒ fúle nǐ le.

　　A：もう隠すことないよ。全部知ってるんだから。
　　B：やっぱりあなたってすごいね。まいったわ。

★ "隐瞒 yǐnmán" …隠しごまかす。

★ "厉害 lìhai" …程度がはなはだしい。プラスの表現「すごい、やるなあ」にも、マイナスの表現「ひどい」にも使う。

282 你大胆一点儿！
Nǐ dàdǎn yìdiǎnr!

▶ **大胆にやりなさい。**

A：我胆子太小，我不敢。
　　Wǒ dǎnzi tài xiǎo, wǒ bù gǎn.

B：没关系，**你大胆一点儿**！
　　Méi guānxi, nǐ dàdǎn yìdiǎnr!

　　A：僕は意気地なしなんだ。やだよ。
　　B：大丈夫、勇気を出して。

★ "胆子 dǎnzi" …胆っ玉、度胸。
★ "敢 gǎn" …（勇気を持って、大胆に）やる。

283 一步一步来吧。
Yí bù yí bù lái ba.

▶ **一歩一歩ゆっくりやろう。**

A：我又失败了。太笨了！
　　Wǒ yòu shībài le. Tài bèn le!

B：别着急，**一步一步来吧**。
　　Bié zháojí, yí bù yí bù lái ba.

　　A：また失敗した。私って馬鹿だなあ。
　　B：焦らないで。一歩一歩ゆっくりやりましょう。

★ "笨 bèn" …愚かである。馬鹿である。

284 干脆就别想了。
Gāncuì jiù bié xiǎng le.

▶ **さっぱり忘れなよ。**

A：我越想越难过。
　　Wǒ yuè xiǎng yuè nánguò.

B：那**干脆就别想了**。
　　Nà gāncuì jiù bié xiǎng le.

　　A：考えれば考えるほどつらくなるよ。
　　B：じゃあ、さっぱり忘れなよ。

★ "难过 nánguò" …悲しい、つらい。
★ "干脆 gāncuì" …きっぱりと、さっぱり。

285 我没放在心上。
Wǒ méi fàngzài xīnshang.
▶気にしてませんよ。

A：是我弄错了，请别放在心上。
Shì wǒ nòngcuò le, qǐng bié fàngzài xīnshang.

B：没关系，我没放在心上。
Méi guānxi, wǒ méi fàngzài xīnshang.

A：私が失敗したんだから気にしないでください。
B：大丈夫、気にしてないよ。

★ "弄错 nòngcuò" …(何らかの行為をして) ミスをする。

★ "放在心上" …直訳は「心に置く、心に留める」。

286 他是他，你是你。
Tā shì tā, nǐ shì nǐ.
▶彼は彼、君は君。

A：唉！我总是不如他。
Ai! Wǒ zǒngshì bùrú tā.

B：别这么想。他是他，你是你。你这样就挺好的。
Bié zhème xiǎng. Tā shì tā, nǐ shì nǐ. Nǐ zhèyàng jiù tǐng hǎo de.

A：あ～あ、いつも彼にはかなわない。
B：そんな風に考えないで。彼は彼、君は君。君はそれでいいんだよ。

287 你脑瓜真好用。
Nǐ nǎoguā zhēn hǎoyòng.
▶頭いいね。

A：这么快就明白了？你脑瓜真好用。
Zhème kuài jiù míngbai le? Nǐ nǎoguā zhēn hǎoyòng.

B：那当然。我是谁啊！
Nà dāngrán. Wǒ shì shéi a!

A：こんなに早くわかったの？ 本当にあったまいいねぇ。
B：当然でしょ、私を誰だと思ってるの。

★ "脑瓜 nǎoguā" …頭。

288 你已经尽力了。
Nǐ yǐjīng jìnlì le.

▶ **もうやるだけやったじゃない。**

A：这事要是办不成，可别怪我哦。
　　Zhèi shì yàoshi bànbuchéng, kě bié guài wǒ o.

B：不会，你已经尽力了。
　　Bú huì, nǐ yǐjīng jìnlì le.

　　A：これが失敗しても、私を責めないでね。
　　B：責めないよ。もう十分頑張ったじゃないですか。

★ "怪 guài" …責める、〜のせいにする。

★ "尽 / 力 jìnlì" …力を尽くす、できるだけ頑張る。

289 你还真能说啊。
Nǐ hái zhēn néng shuō a.

▶ **本当に弁が立つね／よく言ったよね。**

A：你还真能说啊。
　　Nǐ hái zhēn néng shuō a.

B：哪里，只是偶尔露峥嵘啊。
　　Nǎli, zhǐshì ǒu'ěr lòu zhēngróng a.

　　A：本当に弁が立つね。
　　B：いや、たまに底力が出るんだよ。

★ "偶尔 ǒu'ěr" …たまに、ときどき。

★ "露 / 峥嵘 lòu zhēngróng" …本領が出る。底力が出る。

290 真是个好点子！
Zhēn shì ge hǎo diǎnzi!

▶ **それは名案だね。**

A：真是个好点子！你太有才了。
　　Zhēn shì ge hǎo diǎnzi! Nǐ tài yǒucái le.

B：别那么夸张好不好？
　　Bié nàme kuāzhāng hǎo bu hǎo?

　　A：それは名案だね！　才能があるな。
　　B：そうやって大げさにしないでよ。

★ "好点子 hǎo diǎnzi" …いい考え。"点子"は「知恵」。「シンクタンク」は"点子公司 gōngsī"。

★ "夸张 kuāzhāng" …大げさに言う、誇張する。

CHAPTER 4

291 你想得太多了吧。
Nǐ xiǎngde tài duō le ba.
▶ 考えすぎだよ。

A：他可能不喜欢我。
　　Tā kěnéng bù xǐhuan wǒ.
B：怎么会呢? 你想得太多了吧。
　　Zěnme huì ne? Nǐ xiǎngde tài duō le ba.

　　A：彼、たぶん私のこと嫌いだわ。
　　B：んなことないよ。考えすぎだよ。

292 别再斤斤计较了！
Bié zài jīnjīn jìjiào le!
▶ いちいち気にしないで。

A：我不想理他。他还说过我的坏话。
　　Wǒ bù xiǎng lǐ tā. Tā hái shuōguo wǒ de huàihuà.
B：别再斤斤计较了！
　　Bié zài jīnjīn jìjiào le!

　　A：彼にかまうのは嫌。彼は私の悪口だって言ってたし。
　　B：もういちいち気にしたらだめだよ。

★ "理 lǐ" …相手にする、かまう。

★ "斤斤计较 jīnjīn jìjiào" …細かいことにくよくよする。けちけちする。

293 你可想开一点儿啊！
Nǐ kě xiǎngkāi yìdiǎnr a!
▶ 気にしちゃだめ。

A：你可想开一点儿啊！
　　Nǐ kě xiǎngkāi yìdiǎnr a!
B：放心吧！我不会去死的。
　　Fàngxīn ba! Wǒ bú huì qù sǐ de.

　　A：気になんかしちゃだめだよ。
　　B：安心して、死んだりはしないから。

★ "想开 xiǎngkāi" …気持ちをそこから離す、くよくよしない。"开" は結果補語。

CHAPTER 5
不満・辛口 フレーズ

不満や辛口なコメントだって、中国語で言ってみたい。
友達をからかってみたり、嫌な気持ちを吐き出してみよう！
さらりと言って、相手を驚かすことができるかも。

294 无聊！
Wúliáo!
▶ つまんなーい。

A：开这样的玩笑，**无聊！**
　　Kāi zhèyàng de wánxiào, wúliáo!

　　A：そんな冗談言って、つまんない。

295 吹牛！
Chuīniú!
▶ 嘘つき。

A：我明天向她求婚！
　　Wǒ míngtiān xiàng tā qiúhūn!
B：**吹牛！**你总说这句话。
　　Chuīniú! Nǐ zǒng shuō zhèi jù huà.

　　A：明日彼女にプロポーズするよ！
　　B：嘘つき。いっつもそう言ってるじゃない。

★ "向 xiàng ～求 / 婚 qiúhūn" … ～にプロポーズする。
★ "吹 / 牛 chuīniú" … ほらを吹く。

296 活该！
Huógāi!
▶ ざまあみろ。

A：你看，他又失败了。**活该！**
　　Nǐ kàn, tā yòu shībài le. Huógāi!

　　A：ほら、やつまた失敗した。ざまあみろ。

★ "活该 huógāi" … 当たり前だ、当然のことだ。ここでは「そうなって当然だ、ざまあみろ、いい気味だ」の意。

297 做梦！
Zuòmèng!

▶寝ぼけたこと言って！

A：谁要能给我一百万该有多好啊。
Shéi yào néng gěi wǒ yìbǎi wàn gāi yǒu duō hǎo a.

B：**做梦！**天底下哪有这等好事？
Zuòmèng! Tiāndǐxia nǎ yǒu zhè děng hǎoshì?

　　A：誰か僕に100万円くれたらどんなにいいだろうか。
　　B：寝ぼけたこと言って。この世のどこにそんないいことがあるわけ？

★"天底下 tiāndǐxia" …この世、この世界。

298 差劲！
Chàjìn!

▶最低！

A：这是什么态度！**差劲！**
Zhè shì shénme tàidu! Chàjìn!

　　A：それってどういう態度よ。最低！

★"差劲 chàjìn" …（人柄、品質が）悪い、ひどい。

299 真没用！
Zhēn méiyòng!

▶本当に使えないなあ。

A：关键时候掉链子，**真没用！**
Guānjiàn shíhou diào liànzi, zhēn méiyòng!

　　A：肝心なときにだめなんだから、本当に使えないなあ。

★"关键时候掉链子 guānjiàn shíhou diào liànzi" …肝心なときにチェーンが外れる＝肝心なときにだめになる。

300 没文化。
Méi wénhuà.

▶ **教養がないな。**

A: 优盘是什么？你听说过吗？
Yōupán shì shénme? Nǐ tīngshuōguo ma?

B: 优盘都不知道，**没文化**。
Yōupán dōu bù zhīdào, méi wénhuà.

　　A：USBメモリって何？ 聞いたことある？
　　B：USBメモリも知らないの、教養がないな。

★ "优盘 yōupán" = "U 盘" …USBメモリ。
★ "文化 wénhuà" …教養、一般的な知識。

301 真没劲。
Zhēn méijìn.

▶ **つまらないな。**

A: 我不想去，我就在家看电视。
Wǒ bù xiǎng qù, wǒ jiù zài jiā kàn diànshì.

B: **真没劲**。你就在家里发霉呀！
Zhēn méijìn. Nǐ jiù zài jiāli fāméi ya!

　　A：行きたくない。家でテレビ見てるよ。
　　B：つまらないね。家なんかにいたらカビが生えるよ。

★ "没劲 méijìn" …つまらない、くだらない。
★ "发 / 霉 fāméi" …カビが生える。

302 又来了！
Yòu lái le!

▶ **またそれか。**

A: 对不起，路上堵车了。
Duìbuqǐ, lùshang dǔchē le.

B: **又来了**。找点儿别的借口吧。
Yòu lái le. Zhǎo diǎnr biéde jièkǒu ba.

　　A：ごめん。道が渋滞で。
　　B：またダわ。もっとうまい言い訳したら。

★ "堵 / 车 dǔchē" …渋滞する。南では "塞 / 车 sāichē" という。
★ この "又来了 yòu lái le" は「またか」という不快なニュアンス。

108 CHAPTER 5

303 自私鬼。
Zìsīguǐ.
▶自己中だね。

A：自私鬼！
　Zìsīguǐ!
B：你才是呢。
　Nǐ cái shì ne.
　A：自己中だね。
　B：あんたこそ。

★"自私 zìsī"…利己的である。

304 糟透了！
Zāotòu le!
▶最悪！

A：我介绍的那个人怎么样？
　Wǒ jièshào de nèige rén zěnmeyàng?
B：糟透了！我期待下一个。
　Zāotòu le! Wǒ qīdài xià yí ge.
　A：僕が紹介した人どうだった？
　B：最悪！ 次に期待するわ。

★"形容詞+透了 tòu le"…徹底的に〜だ。

305 真抠门儿！
Zhēn kōuménr!
▶けち！

A：不给你！
　Bù gěi nǐ!
B：真抠门儿！
　Zhēn kōuménr!
　A：あげない！
　B：けち！

★「けち！」はほかに、"真小气 Zhēn xiǎoqi"、"吝啬鬼 Lìnsèguǐ"とも。

306 我受够了！
Wǒ shòugòu le!
▶ 我慢できない。

A：这种生活**我受够了**！
　Zhèi zhǒng shēnghuó wǒ shòugòu le!
B：那你想怎么样？
　Nà nǐ xiǎng zěnmeyàng?

　　A：こんな生活、我慢できない！
　　B：じゃ、どうしたいわけ？

★ここの"够 gòu"は「十分~した、~しあきた」を表す結果補語。

307 真没意思。
Zhēn méi yìsi.
▶ 本当におもしろくない。

A：昨天的晚会一个帅哥都没有。**真没意思**。
　Zuótiān de wǎnhuì yí ge shuàigē dōu méi yǒu. Zhēn méi yìsi.
B：是没意思。一个靓女都没有。
　Shì méi yìsi. Yí ge liàngnǚ dōu méi yǒu.

　　A：昨日のパーティー、一人のイケメンもいなかった。つまんない。
　　B：確かにつまらなかった。一人の美女もいなかったからだよ。

308 一一过问。
Yī yī guòwèn.
▶ いちいち聞く。

A：你今天都干什么了？
　Nǐ jīntiān dōu gàn shénme le?
B：**一一过问**，烦不烦？
　Yī yī guòwèn, fán bu fán?

　　A：今日は何をしたの？
　　B：いちいち聞くのって、しんどくない？

★"一一过问 yī yī guòwèn"…いちいち口出しする。"过问 guòwèn"…口出しする、たずねる。

★"烦 fán"…いらいらする、うっとうしい、うざい。

110　CHAPTER 5

309 别老土了！
Bié lǎotǔ le!

▶古臭いね。

A：夏天穿长靴，真奇怪。
　Xiàtiān chuān chángxuē, zhēn qíguài.

B：别老土了！那是一种时尚。
　Bié lǎotǔ le! Nà shì yì zhǒng shíshàng.

　　A：夏にロングブーツはくなんて、本当に変だな。
　　B：古臭いこと言わないで。あれはファッションよ。

★ "长靴 chángxuē" …ロングブーツ。
★ "老土 lǎotǔ" …古臭い、田舎臭い。
★ "时尚 shíshàng" …ファッション。

310 算你厉害。
Suàn nǐ lìhai.

▶ひどいねえ。

A：你死心吧！我不会给你机会的。
　Nǐ sǐxīn ba! Wǒ bú huì gěi nǐ jīhuì de.

B：算你厉害。
　Suàn nǐ lìhai.

　　A：あきらめなさい。あなたにはチャンスを渡さないから。
　　B：ひどい奴だよ。

★ "算你厉害 suàn nǐ lìhai" は「すごいね、やるなあ」というプラスの表現でも使える。

311 你还嘴硬。
Nǐ hái zuǐyìng.

▶減らず口だなあ。

A：我本来就没错。
　Wǒ běnlái jiù méicuò.

B：你还嘴硬。
　Nǐ hái zuǐyìng.

　　A：私はもともと間違ってない。
　　B：減らず口だなあ。

★ "嘴硬 zuǐyìng" …強情っぱり、口が減らない。

312 假惺惺的。
Jiǎxīngxīng de.

▶わざとらしい。

A：你伤成这样我多心疼啊。
　　Nǐ shāngchéng zhèyàng wǒ duō xīnténg a.

B：少来！**假惺惺的。**
　　Shǎo lái! Jiǎxīngxīng de.

　　A：そんなにけがして、もう心配するじゃないの。
　　B：やめなよ、わざとらしい。

★ "心疼 xīnténg" …気にかける、かわいがる。

★ "假惺惺 jiǎxīngxīng" …いかにもわざとらしい。

313 你真滑头。
Nǐ zhēn huátóu.

▶ずるいよね。

A：你真滑头。
　　Nǐ zhēn huátóu.

B：滑头就是小聪明啊！
　　Huátóu jiùshì xiǎo cōngming a!

　　A：ずるいよね。
　　B：ずるいのも賢さでしょ。

★ "滑头 huátóu" …ずるい、したたかだ。

★ "小聪明 xiǎo cōngming" …ずる賢い。

314 急死我了。
Jísǐ wǒ le.

▶じれったいなあ。

A：你还做什么呢？快点儿！**急死我了。**
　　Nǐ hái zuò shénme ne? Kuài diǎnr! Jísǐ wǒ le.

B：再等一会儿。妆还没化完呢。
　　Zài děng yíhuìr. Zhuāng hái méi huàwán ne.

　　A：まだ何かやってるの？ 急いで！ じれったいな。
　　B：もうちょっと待って、メイク終わってないんだから。

★ "一会儿 yíhuìr" …しばらくの間。慣用音は "yìhuǐr"。

112　CHAPTER 5

315 光说不做。
Guāng shuō bú zuò.
▶ 口ばっかり。

A：我出钱让你去旅游。
Wǒ chū qián ràng nǐ qù lǚyóu.

B：光说不做，谁信?
Guāng shuō bú zuò, shéi xìn?

　　A：僕がお金出して君を旅行に行かせるよ。
　　B：口ばっかり、誰が信じるの?

★ "光 guāng" … ～だけ = "只 zhǐ"。

316 真偏心眼儿！
Zhēn piānxīnyǎnr!
▶ えこひいきだ！

A：弟弟小，让着点儿他吧。
Dìdi xiǎo, ràngzhe diǎnr tā ba.

B：真偏心眼儿！光想着弟弟！
Zhēn piānxīnyǎnr! Guāng xiǎngzhe dìdi!

　　A：弟の方が年下なんだから弟に譲りなさい。
　　B：えこひいきだよ！ 弟ばっかりかわいがって！

★ "偏心眼儿 piānxīnyǎnr" …えこひいきである。

317 哭，就知道哭！
Kū, jiù zhīdao kū!
▶ 泣くことしか知らないの？

A：我完了，我该怎么办呀？
Wǒ wán le, wǒ gāi zěnme bàn ya?

B：哭，就知道哭！哭能解决什么问题呢？
Kū, jiù zhīdao kū! Kū néng jiějué shénme wèntí ne?

　　A：もうだめぇ～どうしたらいいの～？
　　B：泣くことしか知らないのか！ 泣いたところで何の解決になるんだ。

318 太不像话了。
Tài bú xiànghuà le.

▶ お話にならない。

A：不排队，随便加塞儿，**太不像话了。**
　Bù páiduì, suíbiàn jiāsāir, tài bú xiànghuà le.

B：就是。不要学他们。
　Jiùshi. Búyào xué tāmen.

　A：列に並ばず、勝手に割り込むなんて、なってない。
　B：そうよ。彼らのまねしたらだめだよ。

★ "加/塞儿 jiāsāir" …割り込む。
★ "像/话 xiànghuà" …道理にかなっている。筋が通っている。
★ この "学 xué" は「まねる」の意。

319 太没礼貌了！
Tài méi lǐmào le!

▶ 礼儀がない。

A：**太没礼貌了！**得教育教育这孩子。
　Tài méi lǐmào le! Děi jiàoyùjiaoyu zhèi háizi.

B：别管她了。她慢慢会明白的。
　Bié guǎn tā le. Tā mànmān huì míngbai de.

　A：礼儀知らずだね。この子に説教しないと。
　B：放っておいたら。彼女もそのうちわかるよ。

★ "礼貌 lǐmào" …礼儀。類似表現で「モラルがない」は "不文明 bù wénmíng"。
★ "教育 jiàoyù" …教え説く、説教する、教育する。

320 这人真讨厌。
Zhèi rén zhēn tǎoyàn.

▶ 本当に嫌な人！

A：喂，你去哪里呀？
　Wei, nǐ qù nǎli ya?

B：为什么要告诉你？**这人真讨厌！**
　Wèi shénme yào gàosu nǐ? Zhèi rén zhēn tǎoyàn!

　A：ねぇ、どこに行くの？
　B：何で言わなきゃいけないの。本当に嫌な人。

321 没意思极了。
Méi yìsi jíle.
▶すごくつまらない。

A：老师上课像念经，没意思极了。
Lǎoshī shàngkè xiàng niànjīng, méi yìsi jíle.

B：什么呀，那是你没听懂。
Shénme ya, nà shì nǐ méi tīngdǒng.

 A：先生の授業、お経を読んでるみたいですごくつまらない。
 B：何？ それは君がわかってないんだ。

★ "念/经 niànjīng" …読経する。
★ "～极了 jíle" …とっても～だ。極めて～だ。すこぶる～だ。形容詞の後ろにおく。

322 没用的东西！
Méiyòng de dōngxi!
▶使えないやつだな。

A：没用的东西！我都说了多少遍了？还不明白。
Méiyòng de dōngxi! Wǒ dōu shuōle duōshao biàn le? Hái bù míngbai.

B：都是你解释得不好。
Dōu shì nǐ jiěshìde bù hǎo.

 A：使えない人ね。何度言ったと思う？ まだわからないの。
 B：君の説明が悪いからだよ。

★ "没用的东西 méiyòng de dōngxi" …本来は「役に立たないもの」。きつい表現なので、直接相手に使う場合は要注意。

323 中看不中用。
Zhōngkàn bù zhōngyòng.
▶見てくれだけだね。

A：这个健身器材一点儿用都没有。
Zhèige jiànshēn qìcái yìdiǎnr yòng dōu méi yǒu.

B：真的。中看不中用。
Zhēnde. Zhōngkàn bù zhōngyòng.

 A：あのヘルスマシン、ちっとも役に立たない。
 B：本当に、見てくれだけだね。

★ "健身器材 jiànshēn qìcái" …ヘルスマシン、健康器具。
★ "中看 zhōngkàn" …見てくれが良い。
★ "中用 zhōngyòng" …役立つ、使い勝手が良い。否定形で用いることが多い。

CHAPTER 5

324 你太过分了。
Nǐ tài guòfèn le.

▶ひどすぎるよ。

A：你太过分了，偷看人家手机短信！
Nǐ tài guòfèn le, tōu kàn rénjia shǒujī duǎnxìn!

B：你怕什么？没做亏心事，不怕鬼敲门。
Nǐ pà shénme? Méi zuò kuīxīnshì, bú pà guǐ qiāo mén.

　A：ひどすぎるよ。人の携帯メール見るなんて。
　B：何怖がってるの？ 後ろめたいことをしてないなら、怖くないでしょ。

★ "偷 tōu V" で「こっそり～する」。
★ "人家 rénjia" …ある人を指す際に、具体的に誰と言わない場合に使う。ここでは「私」。
★ "亏心事 kuīxīnshì" …後ろめたいこと。
★ "不怕鬼敲门 bú pà guǐ qiāo mén" …鬼［幽霊］が門をたたくのを恐れない＝何があっても怖くない。

325 你这个乌鸦嘴！
Nǐ zhèige wūyāzuǐ!

▶不吉なこと言うね。

A：你这个乌鸦嘴，别让我再见到你！
Nǐ zhèige wūyāzuǐ, bié ràng wǒ zài jiàndào nǐ!

B：冤枉啊，我不过是实话实说而已。
Yuānwang a, wǒ búguò shì shíhuà shíshuō éryǐ.

　A：不吉なこと言うね。私に会おうなんて言わないでよ。
　B：濡れ衣だよ。僕は本音を言ったまでだよ。

★ "乌鸦嘴 wūyāzuǐ" …からすのくちばし＝不吉なことを言う人。
★ "冤枉 yuānwang" …無実の罪を着せる。濡れ衣。
★ "不过是 búguò shì ～而已 éryǐ" …ただ～にすぎない。
★ "实话实说 shíhuà shíshuō" …本当のことを言う。

326 你可太丢人了。
Nǐ kě tài diūrén le.

▶ みっともないね。

A：竟然做出这种事儿。你可太丢人了。
Jìngrán zuòchū zhèi zhǒng shìr. Nǐ kě tài diūrén le.

B：别管我，又没丢你的人。
Bié guǎn wǒ, yòu méi diū nǐ de rén.

　　A：こんなことしでかすなんて、みっともないなあ。
　　B：ほっといて、君に恥ずかしい思いはさせてないでしょう。

★ "丢 diū ～的人 de rén" で「～に恥ずかしい思いをさせる」。

327 我已经听腻了。
Wǒ yǐjing tīngnì le.

▶ もう聞きあきたよ。

A：别说了，我已经听腻了。
Bié shuō le, wǒ yǐjing tīngnì le.

B：那也得说。都是为了你好。
Nà yě děi shuō. Dōu shì wèile nǐ hǎo.

　　A：もう言うな。聞きあきたよ。
　　B：それでも言わなきゃ。あなたのためなんだから。

★ "V 腻了 nì le" … ～しあきた。"腻" は結果補語。

328 又不是小孩子。
Yòu bú shì xiǎoháizi.

▶ 子供じゃあるまいし。

A：自己的事情自己做，又不是小孩子。
Zìjǐ de shìqíng zìjǐ zuò, yòu bú shì xiǎoháizi.

B：真不给面子。
Zhēn bù gěi miànzi.

　　A：自分のことは自分でやりなさい。子供じゃあるまいし。
　　B：本当にたててくれないんだね。

★ 否定を強めて言う "又不是～（～じゃあるまいし）" は、この形で覚えておこう。例）"我又不是靠脸吃饭的。Wǒ yòu bú shì kào liǎn chīfàn de.（顔で食べてるわけじゃないし）"。

★ "给 / 面子 gěi miànzi" …顔をたてる、メンツをたてる。

CHAPTER 5

329 实在受不了了。
Shízài shòubuliǎo le.

▶ **本当に我慢できない。**

A : 简直不可理喻。**实在受不了了。**
　　Jiǎnzhí bù kě lǐ yù. Shízài shòubuliǎo le.

B : 我也受不了你。
　　Wǒ yě shòubuliǎo nǐ.

　　A : 全く理屈が通じないんだね。本当に耐えられないよ。
　　B : 私もあなたに我慢できないわ。

★ "简直 jiǎnzhí" …全く、まるで。

★ "不可理喻 bù kě lǐ yù" …理屈で言っても通らない。"喻"は「諭す、わからせる」。

330 你这个急性子。
Nǐ zhèige jíxìngzi.

▶ **せっかちだなあ。**

A : 现在可以吃了吗?
　　Xiànzài kěyǐ chī le ma?

B : 还早呢。**你这个急性子。**
　　Hái zǎo ne. Nǐ zhèige jíxìngzi.

　　A : もう食べてもいい?
　　B : まだ早いよ。せっかちなんだから。

★ "急性子 jíxìngzi" …せっかち、あわてんぼう ⇔ "慢性子 mànxìngzi" …のんびりやさん。

331 没什么了不起。
Méi shénme liǎobuqǐ.

▶ **何もたいしたことないよ。**

A : 什么"大腕"? **没什么了不起。**
　　Shénme "Dàwàn"? Méi shénme liǎobuqǐ.

B : 可不,吃青春饭而已。
　　Kě bu, chī qīngchūnfàn éryǐ.

　　A : 何が大物スターなの? 何もたいしたことないよ。
　　B : そうだよ。若さでやっていけてるだけだわ。

★ "大腕 dàwàn" …大型スター、大物。

★ "可不" …「そうです、なるほどね」という意味のあいづち＝"可不是"、"可不是吗"。

★ "吃 / 青春饭 chī qīngchūnfàn" …若さで食べている。

118 CHAPTER 5

332 你怎么现在才来?
Nǐ zěnme xiànzài cái lái?

▶ 何で今頃来たの？

A：你怎么现在才来?
Nǐ zěnme xiànzài cái lái?

B：堵车啊。遇上了高峰时间，堵得走不动。
Dǔchē a. Yùshàngle gāofēng shíjiān, dǔde zǒubudòng.

　　A：何で今頃来たの？
　　B：渋滞だよ。ラッシュにはまってね。全く車が動かなかったんだよ。

★ "遇上 yùshàng" …～に出くわす。遭遇する。"上"は結果補語。
★ "高峰时间 gāofēng shíjiān" …ラッシュアワー。

333 你怎么会在这儿?
Nǐ zěnme huì zài zhèr?

▶ 何でここにいるの？

A：你怎么会在这儿?
Nǐ zěnme huì zài zhèr?

B：我还想问你呢。
Wǒ hái xiǎng wèn nǐ ne.

　　A：何でここにいるの？
　　B：こっちが聞きたいよ。

334 你这是什么口气?
Nǐ zhè shì shénme kǒuqì?

▶ 何その言い方？

A：我不想和你解释。
Wǒ bù xiǎng hé nǐ jiěshì.

B：你这是什么口气?
Nǐ zhè shì shénme kǒuqì?

　　A：君には説明したくない。
　　B：何その言い方？

★ "和 hé [跟 gēn]～解释 jiěshì" …～に説明する。
★ "口气 kǒuqì" …口ぶり、口調。

CHAPTER 5　119

335 你又少不了什么。
Nǐ yòu shǎobuliǎo shénme.

▶ 減るもんじゃなし。

A: 这东西我可不想让你看。
Zhè dōngxi wǒ kě bù xiǎng ràng nǐ kàn.

B: 怕什么，你又少不了什么。
Pà shénme, nǐ yòu shǎobuliǎo shénme.

A: これは君には見せたくない。
B: 何嫌がってるの？ 別に減るもんじゃなし。

★ "少不了 shǎobuliǎo" …直訳は「減りようがない」。

336 他老毛病又犯了吧。
Tā lǎomáobìng yòu fàn le ba.

▶ また悪い癖が出たよ。

A: 他老毛病又犯了吧。
Tā lǎomáobìng yòu fàn le ba.

B: 真是不可救药。
Zhēn shì bù kě jiù yào.

A: また悪い癖が出たよ。
B: 救いようがないね。

★ "犯 / 老毛病 fàn lǎomáobìng" …（ずっと治らない）悪い癖が出る。"犯 / 病" は持病が再発すること、病がぶり返すこと。

★ "不可救药 bù kě jiù yào" …すでにつける薬がない＝救いようがない。

337 你怎么这么不懂事！
Nǐ zěnme zhème bù dǒngshì!

▶ どうしてそんなにわからずやなの！

子: 讨厌！我要回家！
Tǎoyàn! Wǒ yào huíjiā!

母: 你怎么这么不懂事！
Nǐ zěnme zhème bù dǒngshì!

子: いや！ うちに帰る！
母: どうしてそんなにわからずやなの！

★ "怎么这么 zěnme zhème ～?" …どうしてそんなに～なの？ 例）"怎么这么可爱 kě'ài（かわいい）/ 聪明 cōngming（賢い）/ 脑子快 nǎozi kuài（頭の回転がいい）"。

CHAPTER 6

注意・忠告 フレーズ

あぶない！やめて！ふざけないで！
危険を知らせたり、注意したり、軽く忠告してみたり。
こんな表現も、さりげなく言えるとカッコいい。

338 看车！
Kàn chē!

▶ **(車に) 気をつけて！**

A: 车来了，看车！看车！
　Chē lái le, kàn chē! Kàn chē!

　　A：車よ。車に気をつけて。

★ "看车" は道を渡るときに「危ないから気をつけて！」の意味で使う。同構造でゴルフの危険球を知らせる「フォアー！」は "看球！ Kàn qiú!"。

339 别吵了！
Bié chǎo le!

▶ **うるさいなあ／だまりなさい。**

A: 别吵了！你先听我说，行不行？
　Bié chǎo le! Nǐ xiān tīng wǒ shuō, xíng bu xíng?

B: 你要说什么？
　Nǐ yào shuō shénme?

　　A：うるさいなあ。とりあえず話聞いてくれる？
　　B：何が言いたいの？

★ "吵 chǎo" …うるさい、騒がしい。"吵闹 chǎonào" とも。

340 别管我。
Bié guǎn wǒ.

▶ **かまわないで／ほっといてよ。**

A: 别管我。忙你的去吧。
　Bié guǎn wǒ. Máng nǐ de qù ba.

B: 那可不行。
　Nà kě bù xíng.

　　A：かまわないで、自分のことやって。
　　B：それはできないよ。

★ "忙你的去吧 máng nǐ de qù ba" …直訳は「あなたのことを忙しくやってください」。この "忙" は V。

CHAPTER 6

341 别这样。
Bié zhèyàng.

▶ やめてください。

A：这是一点儿小意思。
Zhè shì yìdiǎnr xiǎoyìsi.

B：**别这样**。我多不好意思啊。
Bié zhèyàng. Wǒ duō bù hǎoyìsi a.

　　A：これはほんの気持ちです。
　　B：やめてくださいよ。あまりに悪いじゃないですか。

★ "小意思 xiǎoyìsi" …ほんの気持ち、寸志。

342 别胡说！
Bié húshuō!

▶ でたらめ言うな。

A：我这一辈子就单身了。
Wǒ zhè yíbèizi jiù dānshēn le.

B：**别胡说**！
Bié húshuō!

　　A：一生独身でいるよ。
　　B：でたらめ言うのはやめて。

★ "单身 dānshēn" …独身、一人身。
★ "胡说 húshuō" …でたらめを言う。

343 放开我！
Fàngkāi wǒ!

▶ 離してよ。

A：**放开我**！要不报警啦！
Fàngkāi wǒ! Yàobu bàojǐng la!

　　A：離してよ、じゃないと警察呼ぶわよ。

★ "放开 fàngkāi" …離す。"开" は結果補語。「(手を) 離して」は "放 / 手 fàngshǒu" とも。
★ "要不 (然) yàobu(rán)" …さもなくば。
★ "报 / 警 bàojǐng" …警察に通報する。

CHAPTER 6

344 救命啊！
Jiùmìng a!
▶ 助けて！

A：救命啊！救命啊！
　　Jiùmìng a! Jiùmìng a!

　　A：助けて！ 助けて！

★ "救 / 命 jiùmìng" …命を救う、命を助ける。"救～的命"で「～の命を救う」。例）"救他的命！Jiù tā de mìng!（彼を助けて！）"。

345 认输吧！
Rènshū ba!
▶ あきらめなよ。

A：你斗不过他，认输吧！
　　Nǐ dòubuguò tā, rènshū ba!

　　A：彼にはかなわないよ。あきらめなさい。

★ "斗不过 dòubuguò" …打ち勝てない、かなわない。可能補語の否定形。

346 别淘气！
Bié táoqì!
▶ はしゃがないの / おとなしくなさい。

A：你这孩子，别淘气！
　　Nǐ zhè háizi, bié táoqì!

　　A：この子ったら、はしゃがないの！

★ "淘气 táoqì" …はしゃぐ、わんぱくである、やんちゃである。⇔ "乖 guāi" …おとなしい。

347 别傻了！
Bié shǎ le!

▶ 馬鹿なことはやめて。

A: 我不会向他道歉的。
Wǒ bú huì xiàng tā dàoqiàn de.

B: **别傻了！**该低头时就得低头。
Bié shǎ le! Gāi dītóu shí, jiù děi dītóu.

　　A：彼に謝ったりはしないから。
　　B：馬鹿なことはやめなさい。頭を下げないといけないときには下げないと。

★ "傻 shǎ" …頭が悪い、愚かだ。
★ "低 / 头 dītóu" …うつむく。頭を下げる。

348 别磨蹭！
Bié móceng!

▶ ぐずぐずするな。

A: **别磨蹭！**快点儿！
Bié móceng! Kuài diǎnr!

B: 别催我了，找不到鞋。
Bié cuī wǒ le, zhǎobudào xié.

　　A：ぐずぐずしないで、急いでちょうだい。
　　B：せかさないでくれる、靴が見つからないんだよ。

★ "磨蹭 móceng" …ぐずぐずする。
★ "催 cuī" …せかす、催促する。

349 正经点儿。
Zhèngjing diǎnr.

▶ ふざけないで / まじめにやってよ。

A: 别逗我，**正经点儿！**
Bié dòu wǒ, zhèngjing diǎnr!

B: 你也别当真，哈哈哈。
Nǐ yě bié dàngzhēn, hā hā hā.

　　A：私をからかわないで、ふざけないでよ。
　　B：君も真に受けないで、ははは。

★ "逗 dòu" …からかう。
★ "正经 zhèngjing" …まじめである。
★ "当真 dàngzhēn" …本気にする、真に受ける。

CHAPTER 6

350 别装蒜了！
Bié zhuāngsuàn le!

▶とぼけないで！

A：你吃了一块蛋糕！
　　Nǐ chīle yí kuài dàngāo!

B：没有。
　　Méiyou.

A：**别装蒜了！**明明少了一块。
　　Bié zhuāngsuàn le! Míngmíng shǎole yí kuài.

　　A：ケーキ1個食べたでしょ！
　　B：食べてないよ。
　　A：とぼけないで！ 間違いなく1個減ってる。

★ "块 kuài"…カットしたケーキの量詞。
★ "蛋糕 dàngāo"…ケーキ。
★ "装 / 蒜 zhuāngsuàn"…しらばっくれる、知らぬ顔をする。
★ "明明 míngmíng"…明らかに、まぎれもなく。

351 别想歪了！
Bié xiǎngwāi le!

▶おかしなこと考えないで。

A：干吗用那种眼神看我？
　　Gànmá yòng nèi zhǒng yǎnshén kàn wǒ?

B：**别想歪了！**你嘴边沾着饭粒。
　　Bié xiǎngwāi le! Nǐ zuǐbiān zhānzhe fànlì.

　　A：何でそんな目で私を見るの？
　　B：おかしなこと考えないで。口の周りにご飯粒がついてるんだよ。

★ "干吗 gànmá"…どうして＝"为什么"。
★ "眼神 yǎnshén"…目つき、まなざし。
★ "歪 wāi"…ゆがんでいる、正しくない。ここでは結果補語。
★ "沾 zhān"…つく、汚れる。
★ "饭粒 fànlì"…米粒。

352 安静点儿。
Ānjìng diǎnr.
▶ 静かにして。

A：安静点儿，孩子睡着了。
　　Ānjìng diǎnr, háizi shuìzháo le.
B：不好意思。
　　Bù hǎoyìsi.
　　A：静かにして、子供が寝たから。
　　B：ごめん。

★ "睡着 shuìzháo" …眠りにつく、寝つく。"着" は結果補語。

353 别理他了。
Bié lǐ tā le.
▶ 彼にかまうな。

A：他是个死心眼儿。别理他了。
　　Tā shì ge sǐxīnyǎnr. Bié lǐ tā le.
B：但我不能不理他。
　　Dàn wǒ bù néng bù lǐ tā.
　　A：彼は堅物だから、彼の相手したらだめだよ。
　　B：でも、かまわないわけにいかないんだよ。

★ "死心眼儿 sǐxīnyǎnr" …頑固な人、堅物。
★ "理 lǐ" …相手にする、かまう。

354 你急什么？
Nǐ jí shénme?
▶ 何焦ってるの？

A：你急什么？还有半个小时。
　　Nǐ jí shénme? Hái yǒu bàn ge xiǎoshí.
　　A：何焦ってるの？まだ30分あるよ。

355 抓紧时间！
Zhuājǐn shíjiān!

▶ 急いで！

A：抓紧时间！动作快点儿。
Zhuājǐn shíjiān! Dòngzuò kuài diǎnr.

A：急いで！ てきぱきやって。

★ "抓紧/时间 zhuājǐn shíjiān" …本来の意味は「時間を大事にして、無駄にしないで」。

356 别这样说。
Bié zhèyàng shuō.

▶ そんな風に言わないで。

A：真不知道下一次见面是什么时候啊？
Zhēn bù zhīdào xià yí cì jiànmiàn shì shénme shíhou a?

B：别这样说。
Bié zhèyàng shuō.

A：次に会うのはいつかな…？
B：そんな風に言わないで。

357 下不为例。
Xià bù wéi lì.

▶ 次はないからね。

A：不好意思。我忘带作业了。
Bù hǎoyìsi. Wǒ wàng dài zuòyè le.

B：下不为例。
Xià bù wéi lì.

A：すみません。宿題を持ってくるのを忘れました。
B：次はありませんからね。

★ "下不为例 xià bù wéi lì" …今回は許すがこれ以降は例としない。

358 你搞错了。
Nǐ gǎocuò le.

▶ 間違ってるよ。

A：那是你姐姐吗？
　Nà shì nǐ jiějie ma?

B：**你搞错了**，是我妈。
　Nǐ gǎocuò le, shì wǒ mā.

A：真的?! 显得很年轻。
　Zhēnde?! Xiǎnde hěn niánqīng.

　　A：君のお姉さん？　B：違うよ、お母さん。　A：本当に？　若いねえ。

★"搞 gǎo" …具体的な動作を表さず「(何かを)する」の意。

★"显得 xiǎnde 〜" … 〜に見える。例)"显得很瘦 xiǎnde hěn shòu（やせて見える）"。

359 不要上当。
Búyào shàngdàng.

▶ 騙されないで。

A：现在假货太多了。
　Xiànzài jiǎhuò tài duō le.

B：就是，小心点儿，**不要上当**。
　Jiùshì, xiǎoxīn diǎnr, búyào shàngdàng.

　　A：今、偽物が多すぎます。　B：全く。騙されないように気をつけてね。

★"假货 jiǎhuò" …ニセの品物。例えば偽札は"假币 jiǎbì"。ちなみに「パクリ、模倣したもの」は"山寨 shānzhài"。例)"现在山寨明星真多啊！Xiànzài shānzhài míngxīng zhēn duō a!（今、アイドルのものまねの人多いよね）"。

★"上 / 当 shàngdàng" …騙される。わなにはまる。

360 别转移话题。
Bié zhuǎnyí huàtí.

▶ 話を変えないで。

A：对了，你晚上想吃什么？
　Duì le, nǐ wǎnshang xiǎng chī shénme?

B：**别转移话题**，快交代！
　Bié zhuǎnyí huàtí, kuài jiāodài!

　　A：そうだ、夜何が食べたい？
　　B：話を変えないでよ、早く白状しなさい。

★"转移 zhuǎnyí" …移す、転換する、変える。

CHAPTER 6

361 别忘了锁门。
Bié wàngle suǒmén.

▶ **鍵閉めるの忘れないでよ。**

A：我先走了。别忘了锁门。
　　Wǒ xiān zǒu le. Bié wàngle suǒmén.

B：好的。
　　Hǎo de.

　　A：お先に失礼します。鍵閉めるの忘れないでね。
　　B：了解。

★ "锁 / 门 suǒmén" …鍵をする。ロックする。

★ "好的"、"好嘞 hǎo lei" は依頼に対して了承を示す場合に使う。"好嘞" はより口語的。

362 千万别误会。
Qiānwàn bié wùhuì.

▶ **誤解なきよう。**

A：我不是故意的。千万别误会。
　　Wǒ bú shì gùyì de. Qiānwàn bié wùhuì.

B：那谁知道啊。
　　Nà shéi zhīdao a.

　　A：わざとじゃありませんから。誤解なきよう。
　　B：そんなの誰もわからないじゃない。

★ "千万 qiānwàn" …くれぐれも、ぜひとも。

363 千万别学我。
Qiānwàn bié xué wǒ.

▶ **絶対私みたいになっちゃだめだよ。**

母：我上高中时数理化都不及格。千万别学我。
　　Wǒ shàng gāozhōng shí shù lǐ huà dōu bù jígé. Qiānwàn bié xué wǒ.

子：没办法。遗传的力量太大了。
　　Méi bànfǎ. Yíchuán de lìliang tài dà le.

　　母：ママは高校の時数理科化学みんな落としたの。絶対私みたいにならないで。
　　子：しかたないよ。遺伝の力は強いんだから。

★ "上 / 高中 shàng gāozhōng" …高校に通う。"高中" は "高级中学 gāojí zhōngxué" の略。
★ "不及格 bù jígé" …不合格になる＝"没通过 méi tōngguò" ⇔ "及 / 格"、"通过"。
★ "遗传 yíchuán" …遺伝。

364 别说丧气话。
Bié shuō sàngqìhuà.

▶ 縁起でもないこと言わないで。

A：完了！这次我是死定了！
Wán le! Zhèicì wǒ shì sǐdìng le!

B：别说丧气话。
Bié shuō sàngqìhuà.

　A：だめだ〜、これで終わりだ。
　B：縁起でもないことを言わないの。

★ "死定了 sǐdìng le" …もう終わった、一巻の終わりだ。若者がよく用いる。直訳は「死が確定した」。"定"は決定を表す結果補語。

★ "丧气话 sàngqìhuà" …縁起でもないこと。

365 别瞧不起人！
Bié qiáobuqǐ rén!

▶ 人を馬鹿にするんじゃない。

A：别瞧不起人！
Bié qiáobuqǐ rén!

B：没人瞧不起你。别误会。
Méi rén qiáobuqǐ nǐ. Bié wùhuì.

　A：人を馬鹿にするんじゃない。
　B：誰も馬鹿にしてないよ。誤解しないで。

★ "瞧 qiáo" …見る＝"看 kàn"。

366 别不懂装懂。
Bié bù dǒng zhuāng dǒng.

▶ 知ったかぶりするな。

A：那个人好像是说相声的吧？
Nèige rén hǎoxiàng shì shuō xiàngsheng de ba?

B：别不懂装懂。他是唱歌的。
Bié bù dǒng zhuāng dǒng. Tā shì chànggē de.

　A：あの人、漫才やってる人だよね？
　B：知ったかぶりしないで。彼は歌手だよ。

★ "说/相声 shuō xiàngsheng" …漫才をする。「漫才師」は "相声演员 xiàngsheng yǎnyuán"。

★ "装 zhuāng" …〜のふりをする。

CHAPTER 6

367 你骗不了我。
Nǐ piànbuliǎo wǒ.
▶ 私を騙せないよ。

A：我什么也没干啊。
　　Wǒ shénme yě méi gàn a.
B：你骗不了我。
　　Nǐ piànbuliǎo wǒ.

　　A：何もしてないよ。
　　B：私を騙せると思うの。

368 少自作聪明。
Shǎo zì zuò cōngming.
▶ うぬぼれるな。

子：你不懂，没有发言权。
　　Nǐ bù dǒng, méi yǒu fāyánquán.
母：少自作聪明。尊重大人吧。
　　Shǎo zì zuò cōngming. Zūnzhòng dàren ba.

　　子：わかってないんだから。お母さんには発言権はないよ。
　　母：うぬぼれるな。大人をたてなさい。

★ "自作聪明 zì zuò cōngming" …知ったかぶりをする、利口なふりをする、うぬぼれる。

369 别轻易放弃。
Bié qīngyì fàngqì.
▶ やすやすとあきらめないで。

A：啊，我坚持不下去了。
　　A, wǒ jiānchíbuxiàqu le.
B：别轻易放弃。
　　Bié qīngyì fàngqì.

　　A：あ～あ、もうだめだよ。
　　B：そんなにやすやすとあきらめちゃだめだよ。

★ "轻易 qīngyì" …簡単に、やすやすと。

370 别装英雄了。
Bié zhuāng yīngxióng le.

▶ ヒーローぶるな / カッコつけるな。

A：要不我就豁出去了。
　　Yàobu wǒ jiù huōchuqu le.

B：**别装英雄了。**你可没那胆子。
　　Bié zhuāng yīngxióng le. Nǐ kě méi nà dǎnzi.

　　A：何なら、僕が突っ込んでいこうか。
　　B：カッコつけないでよ。そんな度胸ないでしょ。

★ "豁出去 huōchuqu" …思い切って進んでいく。切り込んでいく。

371 别开玩笑了。
Bié kāi wánxiào le.

▶ 冗談言わないでよ。

A：**别开玩笑了。**他不是我男朋友。
　　Bié kāi wánxiào le. Tā bú shì wǒ nánpéngyou.

B：但你对他不是没感情吧。
　　Dàn nǐ duì tā bú shì méi gǎnqíng ba.

　　A：からかわないで。彼は私の彼氏じゃないよ。
　　B：でも、彼に興味ないわけじゃないでしょ。

★ "感情 gǎnqíng" …好感。

372 你装什么傻?
Nǐ zhuāng shénme shǎ?

▶ 何とぼけてるの？

A：真的是这样的吗?
　　Zhēnde shì zhèyàng de ma?

B：**你装什么傻?** 这还是你告诉我的呢！
　　Nǐ zhuāng shénme shǎ? Zhè háishi nǐ gàosu wǒ de ne!

　　A：本当にそうなの？
　　B：何とぼけてるの？ それってあなたが言ったんじゃない！

★ "装/傻 zhuāngshǎ" …とぼける、わざと知らないふりをする。

373 说话不算数！
Shuōhuà bú suànshù!

▶ 無責任だね / 約束破った！

A：咱们改天再去游乐园吧。
Zánmen gǎitiān zài qù yóulèyuán ba.

B：说话不算数！不是早就说好了嘛?
Shuōhuà bú suànshù! Bú shì zǎojiù shuōhǎo le ma?

　　A：また別の日に遊園地へ行こう。
　　B：約束破るの！ ずっと前から約束してたじゃない。

★ "游乐园 yóulèyuán" …遊園地。
★ 「約束は守れ」は "说话要算数。Shuōhuà yào suànshù."。

374 说话注意点儿。
Shuōhuà zhùyì diǎnr.

▶ 言葉に気をつけなさい。

A：你太过分了。说话注意点儿。
Nǐ tài guòfèn le. Shuōhuà zhùyì diǎnr.

B：不过……好吧。
Búguò …… hǎo ba.

　　A：それはひどすぎるよ。言葉に気をつけなさい。
　　B：でも…わかったよ。

375 别大惊小怪的。
Bié dà jīng xiǎo guài de.

▶ ちょっとしたことで驚かないで。

A：这有什么? 别大惊小怪的。
Zhè yǒu shénme? Bié dà jīng xiǎo guài de.

B：这还不算什么? 你还想怎样?
Zhè hái bú suàn shénme? Nǐ hái xiǎng zěnyàng?

　　A：それがどうしたの？ ちょっとしたことで驚かないの。
　　B：たいしたことあるよ。どうだったらいいわけ？

★ "大惊小怪 dà jīng xiǎo guài" …つまらないことで大げさに驚く。

376 为什么不早说？
Wèi shénme bù zǎo shuō?

▶ **どうして早く言わないんだ。**

A：为什么不早说？我都离开日本了。
　　Wèi shénme bù zǎo shuō? Wǒ dōu líkāi Rìběn le.
B：谁知道你行动那么快？
　　Shéi zhīdao nǐ xíngdòng nàme kuài?

　　A：どうして早く言わないの？　もう日本を離れたんだけど。
　　B：あなたの行動がそんなにはやいって知らなかったし。

★ "都 dōu ～了 le" …もう～だ、すでに～だ。

377 别半途而废啊。
Bié bàn tú ér fèi a.

▶ **中途半端はだめ。**

A：我真想放弃啊。
　　Wǒ zhēn xiǎng fàngqì a.
B：努力吧，别半途而废啊！
　　Nǔlì ba, bié bàn tú ér fèi a!

　　A：本当にやめたいよ。
　　B：頑張って、中途半端はだめだよ。

★ "半途而废 bàn tú ér fèi" …途中でやめる。

378 别浪费时间了。
Bié làngfèi shíjiān le.

▶ **時間を無駄にするな。**

A：别浪费时间了。你说服不了我。
　　Bié làngfèi shíjiān le. Nǐ shuōfúbuliǎo wǒ.
B：是吗？我倒要试试。
　　Shì ma? Wǒ dào yào shìshi.

　　A：時間を無駄にしてはだめだよ。私を言い負かすことはできないよ。
　　B：そうかな。それでもやってみたいんです。

★ "说服 shuōfú" …説得する、説き伏せる。

★ "倒 dào" …相手の発言に対して、「そうは言うけれど自分は」という反抗的ニュアンス、自分の意地を見せるニュアンスを持つ。

CHAPTER 6　135

379 别自我陶醉了。
Bié zìwǒ táozuì le.

▶ 何いい気になってるの。

A：你瞧我这个手机链儿多好！是我自己做的。
Nǐ qiáo wǒ zhèige shǒujī liànr duō hǎo! Shì wǒ zìjǐ zuò de.

B：**别自我陶醉了。**
Bié zìwǒ táozuì le.

A：私の携帯ストラップすごくいいでしょ。自分で作ったの。
B：何いい気になってるの。

★ "手机链儿 shǒujī liànr" …携帯ストラップ。

★ "自我陶醉 zìwǒ táozuì" …ナルシストになる。自分に酔っている。

380 死了这条心吧！
Sǐle zhè tiáo xīn ba!

▶ あきらめなよ。

A：你永远没有机会。**死了这条心吧！**
Nǐ yǒngyuǎn méi yǒu jīhuì. Sǐle zhè tiáo xīn ba!

B：别把话说绝了行不行?
Bié bǎ huà shuōjué le xíng bu xíng?

A：もう二度とチャンスはないからあきらめなよ。
B：そこまで言わなくてもいいじゃない。

★ "死/心 sǐxīn" …あきらめる。"条 tiáo" は "心 xīn" の量詞。

★ "别把话说绝了" の "绝 jué" は、「やり尽くす」ことを表す結果補語。直訳は「話を全部言わないで」。

381 不行就是不行。
Bù xíng jiùshì bù xíng.

▶ だめなものはだめ。

A：到底为什么不行?
Dàodǐ wèi shénme bù xíng?

B：没有为什么。**不行就是不行。**
Méi yǒu wèi shénme. Bù xíng jiùshì bù xíng.

A：いったい何でだめなの？　B：何でじゃないの。だめなものはだめ。

★ "就是 jiùshì" …「ほかでもなく～だ」。"A 就是 A (A なものは A)" や "A 就是 B (A はほかならぬ B だ)" も覚えよう。例) "喜欢就是喜欢。Xǐhuan jiùshì xǐhuan. (好きなものは好き)" / "人生就是如此。Rénshēng jiùshì rúcǐ. (人生はこんなもんだ)" / "这儿就是天堂。Zhèr jiùshì tiāntáng. (ここはまさに天国だ)"。

382 别拖我的后腿！
Bié tuō wǒ de hòutuǐ!

▶ 足ひっぱるな。

A：明天出差我陪你去，行吗？
　　Míngtiān chūchāi wǒ péi nǐ qù, xíng ma?

B：胡闹！别拖我的后腿！
　　Húnào! Bié tuō wǒ de hòutuǐ!

　　A：明日の出張、あなたについていってもいい？
　　B：ふざけるな。足ひっぱるなよ。

★ "出/差 chūchāi" …出張（する）。　★ "陪 péi" …付き添う、お供する。
★ "胡闹 húnào" …でたらめをする、ふざける。
★ "拖/后腿 tuō hòutuǐ" …後ろから足をひっぱる、邪魔をする。

383 别提那件事儿了。
Bié tí nèi jiàn shìr le.

▶ そのことは言わないで。

A：别提那件事儿了。
　　Bié tí nèi jiàn shìr le.

B：怎么？觉得丢人了？
　　Zěnme? Juéde diūrén le?

　　A：そのことは言わないで。
　　B：えっ？ 恥ずかしいわけ？

384 你怎么还那样啊！
Nǐ zěnme hái nàyàng a!

▶ 何でまだそうなの！

A：你怎么还那样啊！
　　Nǐ zěnme hái nàyàng a!

B：就这样。改不了了！
　　Jiù zhèyàng. Gǎibuliǎo le!

　　A：どうしてあなたはまだそんなんなの！
　　B：そんなんなんだよ。変えられないよ。

385 这可是你说的啊。
Zhè kě shì nǐ shuō de a.

▶ 今の話、聞いたからね。

A：从今往后我再也不抽烟了。
　　Cóngjīn wǎnghòu wǒ zài yě bù chōuyān le.

B：这可是你说的啊。
　　Zhè kě shì nǐ shuō de a.

　　A：金輪際タバコを吸わない。
　　B：あんた言ったね。

★ "从今往后 cóngjīn wǎnghòu" …これからずっと。

★ "抽 / 烟 chōuyān" …タバコを吸う。"吸 / 烟 xīyān" とも。

★ "这可是你说的啊" …直訳は「あなた自身がそう言ったんだからね」。

386 别说得那么简单。
Bié shuōde nàme jiǎndān.

▶ そんなに簡単に言わないで。

A：别犹豫了。掏钱买吧！
　　Bié yóuyù le. Tāoqián mǎi ba!

B：别说得那么简单。
　　Bié shuōde nàme jiǎndān.

　　A：躊躇しないで、自分のお金で買えばいいじゃない。
　　B：そんな簡単に言うなよ。

★ "犹豫 yóuyù" …ためらう、躊躇する。

★ "掏 / 钱 tāoqián" … ポケットからお金を出す。ここは「自分でお金を出す」の意味。

387 别讲得那么轻松。
Bié jiǎngde nàme qīngsōng.

▶ そんなに気安く言わないで。

A：这点工作半个小时就搞定了。
　　Zhèi diǎn gōngzuò bàn ge xiǎoshí jiù gǎodìng le.

B：别讲得那么轻松。
　　Bié jiǎngde nàme qīngsōng.

　　A：この仕事は 30 分でできるよ。
　　B：そんな気安く言わないでください。

★ "搞定 gǎodìng" …（何らかの作業をして）やり終える、解決する。"定" は結果補語。

388 你怎么不说说自己？
Nǐ zěnme bù shuōshuo zìjǐ?

▶ **それで自分はどうなの？**

A：你又乱扔！
　　Nǐ yòu luàn rēng!

B：你怎么不说说自己？
　　Nǐ zěnme bù shuōshuo zìjǐ?

　　A：また、そんな捨て方する。
　　B：それで自分はどうなの？

★ "乱 luàn" …乱暴に、むやみに。
★ "扔 rēng" …捨てる、投げ捨てる。

389 你怎么还是老样子。
Nǐ zěnme háishi lǎoyàngzi.

▶ **相変わらずだね。**

A：都说了N遍了，你怎么还是老样子？
　　Dōu shuōle N biàn le, nǐ zěnme háishi lǎoyàngzi?

B：谁说的？我已经好很多了。
　　Shéi shuō de? Wǒ yǐjīng hǎo hěn duō le.

　　A：もう何回言ったことか。相変わらずだね。
　　B：誰が言ったの？ もうずいぶん良くなったでしょ。

★ "N 遍" … "N" は未知数＝"无数遍 wúshù biàn"。

390 别听什么就信什么。
Bié tīng shénme jiù xìn shénme.

▶ **何でも鵜呑みにしちゃだめだよ。**

A：你听说那两个人的绯闻了吗？信不信？
　　Nǐ tīngshuō nèi liǎng ge rén de fēiwén le ma? Xìn bu xìn?

B：别听什么就信什么。
　　Bié tīng shénme jiù xìn shénme.

　　A：あの２人のスキャンダル聞いた？ 信じる？
　　B：何でも鵜呑みにしちゃだめだよ。

★ "绯闻 fēiwén" …スキャンダル。
★ "听什么就信什么 tīng shénme jiù xìn shénme" …疑問詞の呼応用法。聞いたそれを信じる＝何でも鵜呑みにする。

391 别那么夸张好不好?
Bié nàme kuāzhāng hǎo bu hǎo?

▶ そんなに大げさにしないでくれる？

A：哇！蟑螂！
　　Wa! Zhāngláng!

B：别那么夸张好不好?
　　Bié nàme kuāzhāng hǎo bu hǎo?

　　A：あ！ ゴキブリ！
　　B：そんな大げさにしないでくれる？

★ "蟑螂 zhāngláng" …ゴキブリ。もっと俗っぽく言うなら "小强 xiǎoqiáng"。

392 我这还不是为你好。
Wǒ zhè hái bú shì wèi nǐ hǎo.

▶ あなたのためだよ。

A：又来了！真烦。
　　Yòu lái le! Zhēn fán.

B：什么? 我这还不是为你好。
　　Shénme? Wǒ zhè hái bú shì wèi nǐ hǎo.

　　A：またか。うっとうしい。
　　B：何よ、あなたのためを思ってでしょ。

393 你不说我怎么知道啊?
Nǐ bù shuō wǒ zěnme zhīdao a?

▶ 言ってくれなきゃわからないでしょ？

A：这件衣服没洗吗? 我明天要穿的。
　　Zhèi jiàn yīfu méi xǐ ma? Wǒ míngtiān yào chuān de.

B：你不说我怎么知道啊?
　　Nǐ bù shuō wǒ zěnme zhīdao a?

　　A：この服洗ってないの？ 明日着るのに。
　　B：言ってくれなきゃわからないでしょ？

CHAPTER 7

恋愛 フレーズ

中国語の恋愛表現って意外とシンプル。
シンプルだからこそ、ちょっとさみしく感じたり、キュンとしたり…。
愛の告白も、別れのセリフも、このチャプターで学べます。

394 相信我。
Xiāngxìn wǒ.
▶信じて。

A：真的吗？
　　Zhēnde ma?
B：相信我。
　　Xiāngxìn wǒ.

　　A：本当に？
　　B：私を信じて。

395 有我呢。
Yǒu wǒ ne.
▶僕がいるよ。

A：真黑啊！我害怕。
　　Zhēn hēi a! Wǒ hàipà.
B：有我呢，你怕什么？
　　Yǒu wǒ ne, nǐ pà shénme?

　　A：真っ暗、怖い。
　　B：僕がいるよ。何を怖がってるの？

★"害/怕 hàipà" …恐れる、怖がる。

396 分手吧。
Fēnshǒu ba.
▶別れましょう。

A：分手吧。
　　Fēnshǒu ba.
B：分手?! 为什么？
　　Fēnshǒu?! Wèi shénme?

　　A：別れよう！
　　B：別れる?! どうして？

★"分/手 fēnshǒu" …別れる。多くは男女の別れに使うが、男女の別れ以外にも使う。
　例）"我们在这儿分手吧。Wǒmen zài zhèr fēnshǒu ba.（ここでバイバイね）"。

★別れると決めている時は、"我已经决定了。Wǒ yǐjīng juédìng le.（もう決めたんだ）"。

CHAPTER 7

397 被人甩了。
Bèi rén shuǎi le.
▶振られちゃった。

A：他又**被人甩了**。
　Tā yòu bèi rén shuǎi le.
B：好人怎么就没有好报呢?
　Hǎorén zěnme jiù méi yǒu hǎobào ne?

　　A：彼、また振られちゃったよ。
　　B：いい人にはどうしていいことがないのかな。

★ "甩 shuǎi" …振り捨てる、(相手を) 振る。
★ "好报 hǎobào" …善の報い、いいこと。

398 脚踩两只船。
Jiǎo cǎi liǎng zhī chuán.
▶二股だよ。

A：她好像还有一个男朋友。
　Tā hǎoxiàng hái yǒu yí ge nánpéngyou.
B：啊? **脚踩两只船**。
　A? Jiǎo cǎi liǎng zhī chuán.

　　A：彼女もう一人彼氏がいるみたい。
　　B：え? 二股かけてるんだ。

★ "脚踩两只船 jiǎo cǎi liǎng zhī chuán" …二隻の船に足がかかっている＝二股をかけている。

399 我好幸福哦。
Wǒ hǎo xìngfú o.
▶も〜幸せ。

A：他终于吻我了。**我好幸福哦**。
　Tā zhōngyú wěn wǒ le. Wǒ hǎo xìngfú o.
B：哎哟，酸掉大牙了。
　Aiyo, suāndiào dàyá le.

　　A：彼、とうとう私にキスしてくれたの。も〜幸せ。
　　B：わ〜、のろけちゃって、ごちそうさま。

★ "吻 wěn" …キスをする。
★ "酸掉大牙 suāndiào dàyá" … "酸" は恋愛話を聞いてあてられた思いになった時、「きざったらしい」の意味で使う誇張表現。直訳は「すっぱくて、歯が落ちてしまう」。

CHAPTER 7　143

400 不要离开我。
Búyào líkāi wǒ.

▶ 離れないで。

A : 不要离开我。
　　Búyào líkāi wǒ.

B : 我不会离开你的。
　　Wǒ bú huì líkāi nǐ de.

　　A : 私から離れないでね。
　　B : 僕は君のもとを離れることはないからね。

401 我很想见你。
Wǒ hěn xiǎng jiàn nǐ.

▶ 会いたいよ。

A : 我很想见你。
　　Wǒ hěn xiǎng jiàn nǐ.

B : 我也很想很想见你啊。
　　Wǒ yě hěn xiǎng hěn xiǎng jiàn nǐ a.

　　A : あなたに会いたい。
　　B : 僕もとってもとっても会いたいよ。

★ "我真想你呀。Wǒ zhēn xiǎng nǐ ya.（とっても会いたいよ）" とも。

402 我们结婚吧。
Wǒmen jiéhūn ba.

▶ 結婚しよう。

A : 我们结婚吧。
　　Wǒmen jiéhūn ba.

B : 好，我愿意！
　　Hǎo, wǒ yuànyì!

　　A : 結婚しよう。
　　B : うん、喜んで。

★ "愿意 yuànyì" …希望する、願う。助動詞だがこのように単独でも使える。

403 我永远爱你。
Wǒ yǒngyuǎn ài nǐ.
▶ 永遠に君を愛するよ。

A：我永远爱你。
　　Wǒ yǒngyuǎn ài nǐ.
B：真的吗?
　　Zhēnde ma?

　　A：永遠に君を愛するよ。
　　B：本当に？

404 我非常喜欢你。
Wǒ fēicháng xǐhuan nǐ.
▶ 大好きだよ。

A：我非常喜欢你。你呢? 你爱我吗?
　　Wǒ fēicháng xǐhuan nǐ. Nǐ ne? Nǐ ài wǒ ma?
B：你为什么不早说这句话?
　　Nǐ wèi shénme bù zǎo shuō zhèi jù huà?

　　A：あなたが大好き。ねぇ、私のこと好き？
　　B：どうして早くその言葉を言ってくれなかったんだ？

405 你讨厌我了吗?
Nǐ tǎoyàn wǒ le ma?
▶ 私のこと嫌いになった？

A：你讨厌我了吗?
　　Nǐ tǎoyàn wǒ le ma?
B：为什么这样问?
　　Wèi shénme zhèyàng wèn?

　　A：私のこと嫌いになった？
　　B：どうしてそんなこと聞くの？

CHAPTER 7

406 我跟你不合适。
Wǒ gēn nǐ bù héshì.

▶君とは合わない。

A：我跟你不合适。
　　Wǒ gēn nǐ bù héshì.
B：是吗？ 我觉得跟你很合适。
　　Shì ma? Wǒ juéde gēn nǐ hěn héshì.

　　A：君とは合わないんだ。
　　B：そうかな。私はとても合うと思うんだけど。

★ "跟 gēn ～合适 héshì" … ～と合う。

407 你还记得我吗？
Nǐ hái jìde wǒ ma?

▶まだ私のこと覚えてる？

A：你还记得我吗？
　　Nǐ hái jìde wǒ ma?
B：不好意思。不太记得了。
　　Bù hǎoyìsi. Bú tài jìde le.

　　A：まだ私のこと覚えていますか？
　　B：ごめん。あまり覚えてません。

★ "记得 jìde" …覚えている。

408 我不会忘记你。
Wǒ bú huì wàngjì nǐ.

▶君のこと忘れないよ。

A：我不会忘记你。
　　Wǒ bú huì wàngjì nǐ.
B：忘了我吧，你会找到更好的人。
　　Wàngle wǒ ba. Nǐ huì zhǎodào gèng hǎo de rén.

　　A：君のこと忘れないよ。
　　B：私のことは忘れてちょうだい。きっともっといい人が見つかるから。

★ "我不会忘记你" は "我没法忘掉你。Wǒ méifǎ wàngdiào nǐ.（君を忘れられない）" とも。"忘记 wàngjì"、"忘掉 wàngdiào" …忘れる。"掉" は結果補語。

409 难道是喜欢我？
Nándào shì xǐhuan wǒ?

▶まさか私のことが好きなの？

A：他总是为我干这干那，难道是喜欢我？
　　Tā zǒngshì wèi wǒ gàn zhè gàn nà, nándào shì xǐhuan wǒ?
B：别自作多情了，他只是拿你当一般的朋友。
　　Bié zì zuò duō qíng le, tā zhǐshì ná nǐ dàng yībān de péngyou.

　　A：彼はいつも私に色々してくれるんだけど、まさか私のこと好きなのかな。
　　B：そんなの思い上がりだよ。彼は君を普通の友達としてしか考えてないよ。

★ "干这干那 gàn zhè gàn nà" …あれこれする。"V 这 V 那"で「あれこれ〜する」。例）"问这问那 wèn zhè wèn nà（あれこれたずねる）"。
★ "难道 nándào" …まさか〜ではないか。反語表現。
★ "自作多情 zì zuò duō qíng" …思い上がりだ。"多情"は、愛情が豊かで色々考えてしまうこと。
★ "拿 ná 〜当 dàng…"で「〜を…として見る」。

410 是不是有外遇了？
Shì bu shì yǒu wàiyù le?

▶浮気してるんじゃないの？

A：他最近总是回家很晚。
　　Tā zuìjìn zǒngshì huíjiā hěn wǎn.
B：是不是有外遇了？
　　Shì bu shì yǒu wàiyù le?

　　A：彼、最近いつも帰りが遅いの。
　　B：いい人できたんじゃない？

★ "外遇 wàiyù" …浮気の相手、愛人。

411 可以和你约会吗?
Kěyǐ hé nǐ yuēhuì ma?
▶デートに誘ってもいい？

A：可以和你约会吗?
　　Kěyǐ hé nǐ yuēhuì ma?
B：可以是可以，可我对你没感觉。
　　Kěyǐ shì kěyǐ, kě wǒ duì nǐ méi gǎnjué.

　　A：デートに誘ってもいい？
　　B：いいことはいいけど、私、あなたに気はないからね。

★ "约会 yuēhuì" …デート (をする)、約束 (する)。

★ "感觉 gǎnjué" …好意。

412 我对你一见钟情。
Wǒ duì nǐ yí jiàn zhōng qíng.
▶君に一目ぼれしたんだ。

A：我对你一见钟情。
　　Wǒ duì nǐ yí jiàn zhōng qíng.
B：你一见女孩子就说这句话吧！
　　Nǐ yí jiàn nǚháizi jiù shuō zhèi jù huà ba!

　　A：君に一目ぼれしたんだ。
　　B：女の子を見たらいつもそう言ってるんじゃないの？

★ "对 duì ～一见钟情 yí jiàn zhōng qíng" … ～に一目ぼれする。

413 我满脑子都是你。
Wǒ mǎnnǎozi dōu shì nǐ.
▶君のことで、頭がいっぱい。

A：我满脑子都是你。
　　Wǒ mǎnnǎozi dōu shì nǐ.
B：想想别的事吧。
　　Xiǎngxiang biéde shì ba.

　　A：君のことで頭がいっぱいだ。
　　B：ほかのこと考えたら。

★ "满脑子 mǎnnǎozi ～" … ～で頭がいっぱい。

148　CHAPTER 7

414 你怎么这么帅啊?
Nǐ zěnme zhème shuài a?

▶ 何でそんなにかっこいいの?

A：你怎么这么帅啊?
　　Nǐ zěnme zhème shuài a?

B：那是你的感觉吧。我很有自知之明的，知道自己很一般。
　　Nà shì nǐ de gǎnjué ba. Wǒ hěn yǒu zì zhī zhī míng de, zhīdao zìjǐ hěn yìbān.

　　A：どうしてそんなかっこいいの?
　　B：気のせいだよ。僕は自分でわかってるって、普通だって。

★ "自知之明 zì zhī zhī míng" …己を知るの明、身の程を知っている賢さ。

415 你觉得我怎么样?
Nǐ juéde wǒ zěnmeyàng?

▶ 私のこと、どう思う?

A：你觉得我怎么样?
　　Nǐ juéde wǒ zěnmeyàng?

B：嗯……可以做个朋友。
　　Ng…… kěyǐ zuò ge péngyou.

　　A：私のこと、どう思う?
　　B：うーん。友達になってもいいよ。

★ "做 / 朋友 zuò péngyou" …友達になる。"交 / 朋友 jiāo péngyou" とも。

416 不要那么吃醋嘛。
Búyào nàme chīcù ma.

▶ そんなにやきもち妬かないで。

A：不要那么吃醋嘛。
　　Búyào nàme chīcù ma.

B：吃醋也是一种幸福嘛。
　　Chīcù yě shì yì zhǒng xìngfú ma.

　　A：そんなにやきもち妬かないで。
　　B：やきもち妬くのも幸せの形の一つでしょ。

★ "吃 / 醋 chīcù" …やきもちを妬く。

417 想你想得不行了。
Xiǎng nǐ xiǎngde bù xíng le.

▶ 会いたくてたまらない。

A：想你想得不行了。
　　Xiǎng nǐ xiǎngde bù xíng le.
B：别说这种甜得发腻的话。
　　Bié shuō zhèi zhǒng tiánde fānì de huà.

　　A：会いたくてたまらないよ。
　　B：そんな甘ったるい言葉言わないで。

★ "甜 tián" …甘い。
★ "发腻 fānì" …うんざりする。

418 你们感情真好啊。
Nǐmen gǎnqíng zhēn hǎo a.

▶ 仲がいいね。

A：你们感情真好啊。交往多长时间了？
　　Nǐmen gǎnqíng zhēn hǎo a. Jiāowǎng duōcháng shíjiān le?
B：三年了。但这期间分过两次手。
　　Sān nián le. Dàn zhè qījiān fēnguo liǎng cì shǒu.

　　A：仲がいいね。付き合ってどのくらいになるの？
　　B：もう3年だよ。でも、その間2回別れたよ。

★ "感情 gǎnqíng" …ここでの意味は、男女間の感情、愛情を指す。

419 你盯上人家了吧?
Nǐ dīngshàng rénjia le ba?

▶ 彼［彼女］を狙ってるんじゃない？

A：你盯上人家了吧?
　　Nǐ dīngshàng rénjia le ba?
B：别说风凉话。你哪儿知道？
　　Bié shuō fēngliánghuà. Nǐ nǎr zhīdao?

　　A：彼を狙ってるんじゃないの？
　　B：無責任なこと言わないで、何を知ってるのよ。

★ "盯上 dīngshàng" … "盯" は「見つめる、凝視する」。"上" は結果補語。
★ "风凉话 fēngliánghuà" …無責任なこと。

420 做我的女朋友，好吗？
Zuò wǒ de nǚpéngyou, hǎo ma?

▶ 付き合ってくれませんか？

A：做我的女朋友，好吗？
　　Zuò wǒ de nǚpéngyou, hǎo ma?

B：等你找到固定工作再说。我不喜欢无所事事的人。
　　Děng nǐ zhǎodào gùdìng gōngzuò zài shuō. Wǒ bù xǐhuan wú suǒ shì shì de rén.

　　A：付き合ってくれませんか？
　　B：定職についてからにして。ぶらぶらしている人は好きじゃないの。

★ "做我的女朋友"…直訳は「僕のガールフレンドになる」。「(恋愛関係として) 付き合う」ことは "谈 / 恋爱 tán liàn'ài" という。

★ "无所事事 wú suǒ shì shì"…何もせずぶらぶらしている。

421 下次什么时候见啊？
Xiàcì shénme shíhou jiàn a?

▶ 次いつ会おうか。

A：下次什么时候见啊？
　　Xiàcì shénme shíhou jiàn a?

B：有空我找你吧。
　　Yǒu kòng wǒ zhǎo nǐ ba.

　　A：次いつ会おうか？
　　B：暇ができたら連絡するね。

★ この "找 zhǎo" は、「何らかの形でコンタクトをとる」の意味。

422 我们还能再见面吗？
Wǒmen hái néng zài jiànmiàn ma?

▶ また会えるかな。

A：我们还能再见面吗？
　　Wǒmen hái néng zài jiànmiàn ma?

B：当然能了。
　　Dāngrán néng le.

　　A：また会えるかな。
　　B：もちろん会えるよ。

423 他好像对你有意思。
Tā hǎoxiàng duì nǐ yǒuyìsi.

▶彼は君に気があるみたいだよ。

A：他好像对你有意思。你觉得他怎么样？
　　Tā hǎoxiàng duì nǐ yǒuyìsi. Nǐ juéde tā zěnmeyàng?
B：还行吧。先看看他的性格再说。
　　Hái xíng ba. Xiān kànkan tā de xìnggé zài shuō.

　　A：彼は君に気があるみたいだよ。彼のことどう思ってる？
　　B：まあまあかな。とりあえず彼の性格を見てからね。

★ "对 duì ～有意思 yǒuyìsi" で「～に気がある」。

424 伤心的时候想想我。
Shāngxīn de shíhou xiǎngxiang wǒ.

▶つらいときは僕のことを思い出してね。

A：伤心的时候想想我。
　　Shāngxīn de shíhou xiǎngxiang wǒ.
B：光想有什么用呢？你又不在我身边。
　　Guāng xiǎng yǒu shénme yòng ne? Nǐ yòu bú zài wǒ shēnbiān.

　　A：つらいときは僕のことを思い出してね。
　　B：考えるだけでどうなるっていうの？ あなたは私のそばにいないんだし。

★ "伤 / 心 shāngxīn" …つらい、悲しい、心がへこむ。
★ "光 guāng" …ここは副詞、「～だけ」の意。

425 让我们重新开始吧。
Ràng wǒmen chóngxīn kāishǐ ba.

▶もう一度やりなおそう。

A：让我们重新开始吧。
　　Ràng wǒmen chóngxīn kāishǐ ba.
B：我们没法回到从前。
　　Wǒmen méifǎ huídào cóngqián.

　　A：もう一度やり直そう。
　　B：もとには戻れないよ。

★ "重新 chóngxīn" …もう一度はじめから。
★ "从前 cóngqián" …以前、昔。

426 我什么地方不如她?
Wǒ shénme dìfang bùrú tā?

▶ どこが彼女に及ばないの？

A：我还是离不开她。
Wǒ háishi líbukāi tā.

B：我什么地方不如她?
Wǒ shénme dìfang bùrú tā?

　　A：やっぱり彼女とは別れられないよ。
　　B：私のどこが彼女に及ばないの？

★ "A 不如 bùrú B" …A は B に及ばない。

427 他什么地方比我好?
Tā shénme dìfang bǐ wǒ hǎo?

▶ 彼のどこが僕よりいいの？

A：他什么地方比我好?
Tā shénme dìfang bǐ wǒ hǎo?

B：反正和你不一样。
Fǎnzheng hé nǐ bù yíyàng.

　　A：彼のどこが僕よりいいの？
　　B：いずれにしてもあなたとは違うの。

★ "反正 fǎnzheng" …どっちみち、いずれにしても。

428 你喜欢我的哪一点?
Nǐ xǐhuan wǒ de nǎ yì diǎn?

▶ 私のどこが好き？

A：你喜欢我的哪一点?
Nǐ xǐhuan wǒ de nǎ yì diǎn?

B：这个怎么说啊？很有女人味儿这一点。
Zhèige zěnme shuō a? Hěn yǒu nǚrénwèir zhè yì diǎn.

　　A：私のどこが好き？
　　B：どう言ったらいいのかな。女っぽいところかな。

★ "有 / 女人味儿 yǒu nǚrénwèir" …女っぽい、女らしい ⇔ "有 / 男人味儿 nánrénwèir"
…男っぽい、男らしい。

429 想和你永远在一起。
Xiǎng hé nǐ yǒngyuǎn zài yìqǐ.

▶ ずっと一緒にいたい。

A：想和你永远在一起。
　　Xiǎng hé nǐ yǒngyuǎn zài yìqǐ.
B：我也想。
　　Wǒ yě xiǎng.

　　A：ずっと一緒にいたい。
　　B：私もよ。

430 我一定会让你幸福。
Wǒ yídìng huì ràng nǐ xìngfú.

▶ きっと幸せにするよ。

A：我一定会让你幸福。
　　Wǒ yídìng huì ràng nǐ xìngfú.
B：你这么说我真高兴。
　　Nǐ zhème shuō wǒ zhēn gāoxìng.

　　A：きっと君を幸せにする。
　　B：そう言ってくれてうれしい。

431 你有什么瞒着我，是吧？
Nǐ yǒu shénme mánzhe wǒ, shì ba?

▶ 何か隠してない？

A：你有什么瞒着我，是吧？
　　Nǐ yǒu shénme mánzhe wǒ, shì ba?
B：哪儿有?!
　　Nǎr yǒu?!

　　A：何か私に隠してるでしょ。
　　B：何をだよ！

★ "瞒 mán" …隠す、ごまかす。"瞒着" で用いることが多い。

432 我一直都在关注着你。
Wǒ yìzhí dōu zài guānzhùzhe nǐ.
▶いつも君のこと気にかけてたんだよ。

A：我一直都在关注着你。
　　Wǒ yìzhí dōu zài guānzhùzhe nǐ.
B：不好意思。我已经有朋友了。
　　Bù hǎoyìsi. Wǒ yǐjīng yǒu péngyou le.
　　A：いつも君のことを気にかけてたんだよ。
　　B：ごめんなさい。私もう決まった相手がいるの。

★"关注 guānzhù"…関心を持つ、強く心引かれる。
★ここでの"朋友"は「彼氏」「彼女」を指す。

433 我哪一点对不起你啊？
Wǒ nǎ yì diǎn duìbuqǐ nǐ a?
▶私のどこが悪いの？

A：你走吧！我再也不想见到你！
　　Nǐ zǒu ba! Wǒ zài yě bù xiǎng jiàndào nǐ!
B：我哪一点对不起你啊？
　　Wǒ nǎ yì diǎn duìbuqǐ nǐ a?
　　A：もう行けよ、もう会いたくない。
　　B：私のどこが悪いの？

★"再也不想 zài yě bù xiǎng ～"…もう二度と～したくない。

434 你喜欢什么样的男性？
Nǐ xǐhuan shénmeyàng de nánxìng?
▶どんな男性がタイプ？

A：你喜欢什么样的男性？
　　Nǐ xǐhuan shénmeyàng de nánxìng?
B：我吗？嗯，一句话：阳光帅气，外加温柔。
　　Wǒ ma? Ng, yí jù huà: yángguāng shuàiqì, wàijiā wēnróu.
　　A：どんな男性がタイプ？
　　B：私？ ん～、一言でいうとさわやかで優しい人かな。

★"阳光帅气 yángguāng shuàiqì"…太陽の光のようにさわやか。
★"外加 wàijiā"…その上、それに加えて。
★"温柔 wēnróu"…優しい。

CHAPTER 7

435 怎样你才能原谅我呢?
Zěnyàng nǐ cái néng yuánliàng wǒ ne?
▶ どうしたら許してくれるの？

A：怎样你才能原谅我呢?
　　Zěnyàng nǐ cái néng yuánliàng wǒ ne?
B：你向我保证再也不跟她来往了。
　　Nǐ xiàng wǒ bǎozhèng zài yě bù gēn tā láiwang le.

　　A：どうしたら許してくれるの？
　　B：彼女ともう連絡を取らないって約束して。

★ "向 xiàng～保证 bǎozhèng～" … ～に～と約束する。
★ "跟 gēn～来往 láiwang" … ～と交際する。
★「連絡を取らないと約束して」は"你要向我保证跟她断绝关系。Nǐ yào xiàng wǒ bǎozhèng gēn tā duànjué guānxi.（彼女と関係を絶つと約束して）"とも。
★ モノで許すなら"给我买个钻戒我就原谅你。Gěi wǒ mǎi ge zuànjiè wǒ jiù yuánliàng nǐ.（ダイヤの指輪買ってくれたら許してあげる）"で。

436 吵架说明两个人关系好。
Chǎojià shuōmíng liǎng ge rén guānxi hǎo.
▶ 喧嘩するのは仲がいいからだよ。

A：吵架说明两个人关系好。
　　Chǎojià shuōmíng liǎng ge rén guānxi hǎo.
B：我可不这样想。
　　Wǒ kě bú zhèyàng xiǎng.

　　A：喧嘩をするのは仲がいいからだよ。
　　B：私はそうは思わないよ。

CHAPTER 8

ビジネスフレーズ

ビジネスシーンやフォーマルな場面で
使えそうな表現を集めました。
覚えておくと便利な、丁寧なニュアンスの表現も入っています。

CD 79

437 请便。
Qǐngbiàn.
▶どうぞお好きに。

A：我把西服脱了行吗?
　　Wǒ bǎ xīfú tuō le xíng ma?
B：**请便。**
　　Qǐngbiàn.

　　A：ジャケット脱いでもいいですか。
　　B：どうぞ。

★"西服 xīfú"…洋服、スーツ。「スーツの上着」の意味でも使う。

438 这边请。
Zhèibiān qǐng.
▶こちらへどうぞ。

A：你来了。**这边请。**
　　Nǐ lái le. Zhèibiān qǐng.

　　A：やあ、こちらへどうぞ。

★"你来了"…直訳は「いらっしゃいましたね」「来たんだ」だが、相手が目に入って「やあ」くらいの意味で使っている。

439 失陪了。
Shīpéi le.
▶失礼します。

A：我有点儿不舒服。**失陪了。**
　　Wǒ yǒudiǎnr bù shūfu. Shīpéi le.
B：你回去好好休息吧。
　　Nǐ huíqu hǎohāo xiūxi ba.

　　A：ちょっと気分が悪いので、失礼します。
　　B：帰ってよく休んでください。

440 不必了。
Búbì le.

▶けっこうです。

A：需要我明天早上来接您吗?
　　Xūyào wǒ míngtiān zǎoshang lái jiē nín ma?
B：**不必了**。我已经订好出租车了。
　　Búbì le. Wǒ yǐjīng dìnghǎo chūzūchē le.

　　A：明日の朝お迎えにあがりましょうか。
　　B：けっこうです。もうタクシーを予約しましたので。

★ "接 jiē"…出迎える、迎えにあがる。
★ "订好 dìnghǎo"…予約した。"好"は結果補語。
★ "出租车 chūzūchē"…タクシー。

441 尽管说。
Jǐnguǎn shuō.

▶何でも言ってください / ご遠慮なく。

A：我有一个问题想问你。
　　Wǒ yǒu yí ge wèntí xiǎng wèn nǐ.
B：**尽管说**。
　　Jǐnguǎn shuō.

　　A：ひとつ聞きたいことがあるんですが。
　　B：どうぞ遠慮なく言って。

★ "尽管 jǐnguǎn"…遠慮なく、いくらでも、かまわずに。

442 请留步。
Qǐng liúbù.

▶見送りはけっこうです。

A：我还要去拜访一个客户。我得走了。
　Wǒ hái yào qù bàifǎng yí ge kèhù. Wǒ děi zǒu le.

B：我送送你吧。
　Wǒ sòngsong nǐ ba.

A：不用了，请留步。
　Búyòng le, qǐng liúbù.

　　A：もう一つお得意さんを回らないといけませんので、失礼します。
　　B：ではお見送りします。
　　A：いいえ、おかまいなく。

★ "拜访 bàifǎng" …訪問する。

★ "客户 kèhù" …得意先、取引先。

★ "请留步 qǐng liúbù" …「どうかそのままでそこに留まってください」と相手に促す表現。

443 那怎么行？
Nà zěnme xíng?

▶それはだめです / いいわけないじゃないですか。

A：三十号以前发货行不行？
　Sānshí hào yǐqián fāhuò xíng bu xíng?

B：那怎么行？太晚了。
　Nà zěnme xíng? Tài wǎn le.

　　A：30日までに納品でよろしいですか。
　　B：それはだめです。遅すぎます。

★ "发/货 fāhuò" …商品を納品する。

★ "那怎么行？ Nà zěnme xíng?" …「どうしていいんですか、アリなわけないじゃないですか」を表す反語表現。

444 请多关照。
Qǐng duō guānzhào.

▶よろしくお願いします。

A：这是我的后任，田中。
　　Zhè shì wǒ de hòurèn, Tiánzhōng.

B：请多关照。
　　Qǐng duō guānzhào.

　　A：こちらは私の後任の田中です。
　　B：よろしくお願いします。

★"后任 hòurèn"…後任。

445 好久不见。
Hǎojiǔ bú jiàn.

▶お久しぶりです。

A：好久不见。
　　Hǎojiǔ bú jiàn.

B：真的。三年没见面了。
　　Zhēnde. Sān nián méi jiànmiàn le.

　　A：お久しぶりです。
　　B：本当に。3年ぶりですね。

446 来不及了。
Láibují le.

▶間に合いません。

A：我还要去向总经理汇报一件事儿……。
　　Wǒ hái yào qù xiàng zǒngjīnglǐ huìbào yí jiàn shìr …….

B：来不及了。他已经去机场了。
　　Láibují le. Tā yǐjīng qù jīchǎng le.

　　A：やはり社長にこの件を報告しに行かないと。
　　B：間に合いませんよ。もう空港へ行ってしまいました。

★"向 xiàng ～汇报 huìbào"… ～に報告する。　★"总经理 zǒngjīnglǐ"…社長、総支配人。
★"来不及 láibují"…間に合わない。可能補語の否定形。⇔"来得及 láidejí"…間に合う。
　「まだ間に合うよ」は"还来得及。Hái láidejí."。

447 一般来说。
Yībān lái shuō.
▶ 普通は。

A：一般来说……。
　　Yībān lái shuō …….
B：我不要一般的看法，要你的意见。
　　Wǒ bú yào yìbān de kànfǎ, yào nǐ de yìjiàn.

　　A：普通は…。
　　B：普通の考えはいいんです。あなたの意見を聞きたいんです。

448 长话短说。
Cháng huà duǎn shuō.
▶ 手短に。

A：说来话长……。
　　Shuōlai huà cháng …….
B：长话短说。
　　Cháng huà duǎn shuō.

　　A：話すと長くなるんですが…。
　　B：手短にお願いします。

★ "说来 shuōlai" …話してみると＝ "说起来 shuōqilai"。

449 你需要吗？
Nǐ xūyào ma?
▶ いりますか？

A：我们有免费的资料。你需要吗？
　　Wǒmen yǒu miǎnfèi de zīliào. Nǐ xūyào ma?
B：给我一份儿吧。
　　Gěi wǒ yífènr ba.

　　A：無料の資料があります。いりますか？
　　B：一部ください。

★ "免费 miǎnfèi" …無料 ⇔ "收费 shōufèi" …有料。
★ "资料 zīliào" …資料、書類、パンフレットの類。

450 不行再说。
Bù xíng zài shuō.

▶ **だめならまたそのときに。**

A：我去问一下吧。不行的话……。
Wǒ qù wèn yíxià ba. Bù xíng de huà ……．

B：**不行再说。**
Bù xíng zài shuō.

　　A：私が聞いてみますよ。だめだったら…。
　　B：だめだったらまたそのときということで。

451 我去解释。
Wǒ qù jiěshì.

▶ **私が説明します／弁明します。**

A：她可能不明白你的意思。
Tā kěnéng bù míngbai nǐ de yìsi.

B：**我去解释。**
Wǒ qù jiěshì.

　　A：おそらく彼女はあなたの言うことをわかってないと思います。
　　B：私が説明します。

★この"去"は「誰でもなく私が」という、積極性を表す。

452 我尽力吧。
Wǒ jìnlì ba.

▶ **頑張ってみます。**

A：这次的研讨会，你当主持人，行吗?
Zhècì de yántǎohuì, nǐ dāng zhǔchírén, xíng ma?

B：**我尽力吧。**
Wǒ jìnlì ba.

　　A：今度のシンポジウム、あなたが司会をしてくれませんか。
　　B：頑張ってみます。

★"研讨会 yántǎohuì"…シンポジウム。
★"主持人 zhǔchírén"…司会者、座長。

CD 82

453 交给我吧。
Jiāogei wǒ ba.

▶ 任せてください。

A：这件事交给你了。
　　Zhèi jiàn shì jiāogei nǐ le.

B：**交给我吧。**
　　Jiāogei wǒ ba.

　　　A：このことはあなたに任せますね。
　　　B：任せてください。

454 我打错了。
Wǒ dǎcuò le.

▶（電話を）かけ間違えました。

A：不好意思，**我打错了。**
　　Bù hǎoyìsi, wǒ dǎcuò le.

　　　A：すみません。かけ間違えました。

★電話をかけ間違える以外に、文字を打ち間違えた（入力し間違えた）場合にも"**我打错了**"と言える。

455 多多包涵。
Duōduō bāohan.

▶ 大目に見てください／ご寛恕ください。

A：这件事儿给您添麻烦了。**多多包涵。**
　　Zhèi jiàn shìr gěi nín tiān máfan le. Duōduō bāohan.

B：这次就算了。以后注意吧。
　　Zhèicì jiù suàn le. Yǐhòu zhùyì ba.

　　　A：この件ではご迷惑をおかけました。ご寛恕ください。
　　　B：今回は仕方ないです。今後は気をつけてください。

★ "给 gěi〜添／麻烦 tiān máfan" … 〜に迷惑をかける。

★ "包涵 bāohan" … 大目に見る。

CHAPTER 8

456 多亏你了。
Duōkuī nǐ le.

▶あなたのおかげです。

A：**多亏你了**，我不知道该怎么感谢你。
Duōkuī nǐ le, wǒ bù zhīdào gāi zěnme gǎnxiè nǐ.

B：别这样说，太客气了。
Bié zhèyàng shuō, tài kèqi le.

 A：あなたのおかげです。どう感謝したらいいか。
 B：そう言わないでください。ご丁寧に。

---

457 感激不尽！
Gǎnjī bú jìn!

▶感謝にたえません。

A：你这么帮忙，真是**感激不尽**！
Nǐ zhème bāngmáng, zhēn shì gǎnjī bú jìn!

B：别客气。换了谁也会这样的。
Bié kèqi. Huànle shéi yě huì zhèyàng de.

 A：こんなに手伝ってくださって、本当に感謝にたえません。
 B：遠慮しないでください。誰がやっても同じですよ。

★"换了谁也会这样的 Huànle shéi yě huì zhèyàng de"…直訳は「誰か違う人に変わってもそうなりますよ」。

---

458 改天再说吧。
Gǎitiān zài shuō ba.

▶日を改めてまた。

A：有空吗？该商量一下那个问题了。
Yǒu kòng ma? Gāi shāngliang yíxià nèige wèntí le.

B：我现在有事要做。**改天再说吧**。
Wǒ xiànzài yǒu shì yào zuò. Gǎitiān zài shuō ba.

 A：お暇ですか。あの問題について相談したいんですけど。
 B：今はやることがあるので、日を改めてまた。

★"商量 shāngliang"…相談する、打ち合わせる。「～と［に］相談する」は"跟 gēn ～ 商量"。

CHAPTER 8

459 真难为你了。
Zhēn nánwei nǐ le.

▶ 大変ですね。

A：最近非常忙。又得加班，还得管孩子。
Zuìjìn fēicháng máng. Yòu děi jiābān, hái děi guǎn háizi.

B：真难为你了。
Zhēn nánwei nǐ le.

A：最近忙しくて。残業しないといけないし、子供の世話もしなくちゃいけない。
B：大変ですね。

★ "加 / 班 jiābān" …残業をする。「2 時間残業をする」は "加两个小时班 jiā liǎng ge xiǎoshí bān"。

★ "难为 nánwei" …苦労させる。"真难为你了" で「本当に大変ですね、お疲れ様です」。

460 不用张罗了。
Búyòng zhāngluo le.

▶ おかまいなく。

A：不用张罗了。
Búyòng zhāngluo le.

B：怎么也得表示一下嘛。
Zěnme yě děi biǎoshì yíxià ma.

A：おかまいなく。
B：どうしても気持ちを表したくて。

★ "张罗 zhāngluo" …客を接待する、もてなす。

461 最近怎么样?
Zuìjìn zěnmeyàng?

▶ 最近どうですか?

A：最近怎么样?
Zuìjìn zěnmeyàng?

B：别提了。又是出差，又是开会，忙得团团转。
Bié tí le. Yòu shì chūchāi, yòu shì kāihuì, mángde tuántuánzhuàn.

A：最近どうですか？
B：たまらないよ、出張やら会議で、めちゃくちゃ忙しいんです。

★ "别提了 bié tí le" …直訳は「そのことには触れないで」「そこはつっこんでくれるな」。

★ "开 / 会 kāihuì" …会議を開く、会議に出席する。

★ "忙得团团转 mángde tuántuánzhuàn" …忙しくててんてこ舞いしている。

462 不能奉陪了。
Bù néng fèngpéi le.

▶ おともできませんが。

A：明天我有事儿，**不能奉陪了。**
　Míngtiān wǒ yǒu shìr, bù néng fèngpéi le.

B：没有问题，我一个人可以去。
　Méi yǒu wèntí, wǒ yí ge rén kěyǐ qù.

　A：今日は用事があって、おともできませんが。
　B：大丈夫です。一人で行けますから。

★ "奉陪 fèngpéi" …おともする、一緒について行く。丁寧な表現。

463 让你受累了。
Ràng nǐ shòulèi le.

▶ ご足労いただきまして／お世話かけました。

A：**让你受累了。**
　Ràng nǐ shòulèi le.

B：哪里。别客气。
　Nǎli. Bié kèqi.

　A：ご足労いただきまして。
　B：いいえ、お気になさらず。

★ "受/累 shòulèi" …苦労する、骨を折る、気を使う。

464 这下可好了。
Zhè xià kě hǎo le.

▶ これで良くなりました。

A：没问题了吧。再有什么随时告诉我。
　Méi wèntí le ba. Zài yǒu shénme suíshí gàosu wǒ.

B：谢谢。**这下可好了。**
　Xièxie. Zhè xià kě hǎo le.

　A：問題なくなったでしょう。また何かあればいつでも言ってください。
　B：ありがとう。これで良くなったわ。

★ "随时 suíshí" …いつでも。「いつでもどこでも」は "随时随地 suíshí suídì"。

CHAPTER 8

465 还是老样子。
Háishi lǎoyàngzi.

▶ お変わりないですね。

A：你一点儿都没变，还是老样子。
Nǐ yìdiǎnr dōu méi biàn, háishi lǎoyàngzi.

B：胡说。满脸皱纹了。
Húshuō. Mǎnliǎn zhòuwén le.

　　A：少しも変わってないですね。昔のまんま。
　　B：嘘。顔中しわだらけですよ。

★ "皱纹 zhòuwén" …しわ。

466 办妥当了吗?
Bàntuǒdang le ma?

▶ できましたか？

A：日程的安排，办妥当了吗?
Rìchéng de ānpái, bàntuǒdang le ma?

B：这是日程表。这样没问题了吧。
Zhè shì rìchéngbiǎo. Zhèyàng méi wèntí le ba.

　　A：日程の段取りはできましたか。
　　B：スケジュール表です。これでもう問題ないでしょう。

★ "安排 ānpái" …（スケジュールの）段取り、セッティング、アレンジ。

★ "妥当 tuǒdang" …妥当である、適切である。ここでは結果補語として使われている。

467 这事儿真难办。
Zhèi shìr zhēn nán bàn.

▶ それは厄介だね。

A：这事儿真难办。
Zhèi shìr zhēn nán bàn.

B：是啊，问问李总吧。
Shì a, wènwen Lǐ zǒng ba.

　　A：それは厄介だね。
　　B：そうですね。李社長に聞いてみましょう。

★ "李总 Lǐ zǒng" …"总"は"总经理"の略。

468 最好快一点儿。
Zuìhǎo kuài yìdiǎnr.

▶ できれば急いで。

A：我要办手续。
　　Wǒ yào bàn shǒuxù.

B：要办的话，最好快一点儿。
　　Yào bàn de huà, zuìhǎo kuài yìdiǎnr.

　　A：手続きをしたいのですが。
　　B：手続きをなさるのであれば、急いでください。

★ "办 / 手续 bàn shǒuxù" …手続きをする。

---

469 你认错人了吧。
Nǐ rèncuò rén le ba.

▶ 人違いでしょう。

A：你认错人了吧。
　　Nǐ rèncuò rén le ba.

B：没错，就是你。
　　Méi cuò, jiù shì nǐ.

　　A：人違いでしょう。
　　B：いいえ、あなたです。

---

470 有时间再聊吧。
Yǒu shíjiān zài liáo ba.

▶ また時間を見つけて話しましょう。

A：时间太晚了，我该走了。
　　Shíjiān tài wǎn le, wǒ gāi zǒu le.

B：有时间再聊吧。
　　Yǒu shíjiān zài liáo ba.

　　A：もうこんな時間、おいとましないと。
　　B：また時間を見つけて話しましょう。

471 明天再说好吗?
Míngtiān zài shuō hǎo ma?
▶ 明日にしませんか？

A：这事儿太复杂了。明天再说好吗?
　　Zhèi shìr tài fùzá le. Míngtiān zài shuō hǎo ma?

B：也好。
　　Yě hǎo.

　　A：これは複雑なことです。明日にしませんか？
　　B：それでもいいですよ。

472 回头向我汇报。
Huítóu xiàng wǒ huìbào.
▶ あとで報告してください。

A：那我先去办这件事。
　　Nà wǒ xiān qù bàn zhèi jiàn shì.

B：好的。回头向我汇报。
　　Hǎo de. Huítóu xiàng wǒ huìbào.

　　A：先にこれを片付けてきます。
　　B：はい。あとで私に報告してください。

473 大约什么时候?
Dàyuē shénme shíhou?
▶ だいたいいつぐらいですか？

A：你要回国吗? 大约什么时候?
　　Nǐ yào huíguó ma? Dàyuē shénme shíhou?

B：还没定，春节前后吧。
　　Hái méi dìng, Chūnjié qiánhòu ba.

　　A：帰国するんですか？　だいたいいつぐらいに？
　　B：まだ決めていませんが、春節の前後でしょうか。

★ "春节 Chūnjié" …旧暦の正月、元旦。新暦では毎年1月末から2月初旬の間にあたる。ちなみに、旧暦の1月1日のことを "初一 chūyī" という。

474 这不是关键的。
Zhè bú shì guānjiàn de.

▶ そこは重要じゃないんです。

A：失败了没关系，**这不是关键的**。
　 Shībàile méi guānxi, zhè bú shì guānjiàn de.
B：那还有什么是关键的啊?
　 Nà hái yǒu shénme shì guānjiàn de a?

　　A：失敗しても大丈夫です。そこは重要ではないんです。
　　B：ではほかに重要なことがあるのでしょうか？

★ "关键 guānjiàn" …かなめ、かぎ、キーポイント。

475 把这个放回原处。
Bǎ zhèige fànghui yuánchù.

▶ これ戻しておいて。

A：**把这个放回原处**。
　 Bǎ zhèige fànghui yuánchù.
B：放到哪里呢?
　 Fàngdào nǎli ne?

　　A：これ戻しておいて。
　　B：どこに置くんですか？

★ "放回原处 fànghui yuánchù" は "放回去 fànghuiqu（元の場所に戻す）" とも。

476 太给您添麻烦了。
Tài gěi nín tiān máfan le.

▶ 本当にご迷惑おかけします。

A：**太给您添麻烦了**。
　 Tài gěi nín tiān máfan le.
B：没事儿的，一点儿也不麻烦。
　 Méi shìr de, yìdiǎnr yě bù máfan.

　　A：本当にご迷惑おかけします。
　　B：大丈夫です。ちっとも迷惑ではありませんから。

★ "一点儿也[都]不～" で「ちっとも～でない」。例) "一点儿也不惊讶 jīngyà（ちっとも驚かない)"、"一点儿都不恨 hèn 你（ちっとも君を恨んでなんかないよ)"。

477 以后该怎么怎么称呼您？
Yǐhòu gāi zěnme chēnghu nín?

▶ 今後はどうお呼びしましょう。

A：以后该怎么称呼您？
　　Yǐhòu gāi zěnme chēnghu nín?

B：叫名字就可以。
　　Jiào míngzi jiù kěyǐ.

　　A：どうお呼びしたらよろしいでしょうか。
　　B：名前でいいですよ。

★ "称呼 chēnghu" …呼ぶ。

478 我一个人决定不了。
Wǒ yí ge rén juédìngbuliǎo.

▶ 私一人では決められません。

A：这个价格能不能再低一点儿？
　　Zhèige jiàgé néng bu néng zài dī yìdiǎnr?

B：对不起，我一个人决定不了。
　　Duìbuqǐ, wǒ yí ge rén juédìngbuliǎo.

　　A：この価格はさらに安くなりませんか。
　　B：申し訳ありません、私一人では決められません。

★より口語的に言うなら、"我一个人说了不算。Wǒ yí ge rén shuōle bú suàn.（一人では決められません）"。

479 我好像在哪儿见过你。
Wǒ hǎoxiàng zài nǎr jiànguo nǐ.

▶ どこかでお会いしたと思うのですが。

A：我好像在哪儿见过你。
　　Wǒ hǎoxiàng zài nǎr jiànguo nǐ.

B：是吗？我没有印象。
　　Shì ma? Wǒ méi yǒu yìnxiàng.

　　A：どこかでお会いしたことがあると思うのですが。
　　B：そうですか？覚えがないんですが。

CHAPTER 9
応用・慣用句 フレーズ

ネイティブスピーカーは、四字成語や慣用的表現を
さらりと会話に入れてきます。
ちょっとこなれた、ワンステップアップした表現を身につけると、
会話がいっそう弾むでしょう。

480 难以置信。
Nányǐ zhìxìn.

▶ それは信じがたい / 信じられない。

A：不远的将来我们也可以去宇宙旅行啊。
　　Bù yuǎn de jiānglái wǒmen yě kěyǐ qù yǔzhòu lǚxíng a.

B：难以置信。
　　Nányǐ zhìxìn.

　　A：近い将来、私たちも宇宙旅行に行けるね。
　　B：それは信じがたい。

★ "难以 nányǐ" … 〜しにくい。

★ "置信 zhìxìn" …信を置く、信用する。

481 总而言之。
Zǒng ér yán zhī.

▶ 要するに。

A：我说得没错儿吧?
　　Wǒ shuōde méi cuòr ba?

B：其实，总而言之，你是不想认输吧。
　　Qíshí, zǒng ér yán zhī, nǐ shì bù xiǎng rènshū ba.

　　A：私の言っていることは間違ってないでしょう。
　　B：本当のところは、要するに、負けを認めたくないんでしょ。

★ "总而言之 zǒng ér yán zhī" …総じてこれを言う＝つまりは、要するに。

482 实话实说。
Shíhuà shíshuō.

▶ 本当のところは。

A：你到底是怎么想的? 实话实说！
　　Nǐ dàodǐ shì zěnme xiǎng de? Shíhuà shíshuō!

B：我想我还是喜欢她。
　　Wǒ xiǎng wǒ háishi xǐhuan tā.

　　A：いったいどう考えているの? 本当のことを言って。
　　B：やっぱり彼女のことが好きだ。

★ "实话实说" は、相手に「本当のことを言ってほしい」と命令することも、「実は…」と自分から切りだすこともできる。

483 祸不单行。
Huò bù dān xíng.
▶ふんだりけったりだね。

A：怎么办? 老婆也跑了，工作也找不到。
　　Zěnme bàn? Lǎopo yě pǎo le, gōngzuò yě zhǎobudào.
B：**祸不单行。**我同情你。
　　Huò bù dān xíng. Wǒ tóngqíng nǐ.

　　A：どうしよう。奥さんも出て行って、仕事も見つからない。
　　B：ふんだりけったりだね。同情するわ。

★ "跑 pǎo" …走る。ここでの意味は「逃げる」。
★ "祸不单行 huò bù dān xíng" …災いは単行せず。災いは重なるもの。泣き面に蜂。

484 沉默是金。
Chénmò shì jīn.
▶**沈黙は金だよ。**

A：我还是和她谈了一次。
　　Wǒ háishi hé tā tánle yícì.
B：为什么? **沉默是金。**最好不说。
　　Wèi shénme? Chénmò shì jīn. Zuìhǎo bù shuō.

　　A：やっぱり彼女と一度話をしたよ。
　　B：どうして? 沈黙は金だよ。話さないほうが良かったのに。

★ "和 hé [跟 gēn] ～谈 tán" …～と話をする。

485 相对而言。
Xiāngduì ér yán.
▶**比べて言うと。**

A：你喜欢哪个季节?
　　Nǐ xǐhuan něige jìjié?
B：**相对而言，**我喜欢春天。因为樱花很漂亮。
　　Xiāngduì ér yán, wǒ xǐhuan chūntiān. Yīnwei yīnghuā hěn piàoliang.

　　A：どの季節が好き?
　　B：比べて言うなら、春が好き。桜がきれいだから。

★ "樱花 yīnghuā" …桜。

486 幸灾乐祸。
Xìng zāi lè huò.

▶ **人の不幸を喜ぶ。**

A:哈，他又失恋了！
　　Ha, tā yòu shīliàn le!

B:幸灾乐祸。
　　Xìng zāi lè huò.

　　　A:わっ、彼がまた失恋したって！
　　　B:人の不幸を喜んでるの。

★ "幸灾乐祸 xìng zāi lè huò" …災いを幸せとし、禍を楽しむ。他人の不幸を見て喜ぶ、他人の不幸を願う。

487 表里不一。
Biǎo lǐ bù yī.

▶ **裏表がある。**

A:你觉得她这个人怎么样?
　　Nǐ juéde tā zhèige rén zěnmeyàng?

B:嗯，怎么说呢? 表里不一。
　　Ng, zěnme shuō ne? Biǎo lǐ bù yī.

　　　A:彼女のことどう思いますか。
　　　B:う〜ん、なんて言ったらいいかな。表裏のある人だよ。

★ "表里不一 biǎo lǐ bù yī" …言行と考えが一致しない。表裏がある。⇔ "表里如一 biǎo lǐ rú yī"。

488 没完没了。
Méi wán méi liǎo.

▶ **終わらないね / きりがないね。**

A:她一直在那儿煲电话粥，没完没了。
　　Tā yìzhí zài nàr bāo diànhuàzhōu, méi wán méi liǎo.

B:就是！早该结束了！
　　Jiùshi! Zǎo gāi jiéshù le!

　　　A:彼女はずっとあそこで長電話してる。全然終わらないね。
　　　B:そうだよ！ 早く終わればいいのに。

★ "煲/电话粥 bāo diànhuàzhōu" …長電話をする。"煲/粥" は粥を煮ること。
★ "没完没了 méi wán méi liǎo" …エンドレス、終わりがない、際限ない。
★ "结束 jiéshù" …終わらせる、終了する。

489 小菜一碟。
Xiǎocài yì dié.

▶ **お安いご用です。**

A：你能不能帮我搬行李？
　　Nǐ néng bu néng bāng wǒ bān xíngli?

B：小菜一碟。
　　Xiǎocài yì dié.

　　A：荷物を運ぶのを手伝ってくださいますか。
　　B：お安いご用ですよ。

★ "搬 bān" …運ぶ。

★ "小菜一碟 xiǎocài yì dié" …"小菜"は小皿に盛られた酒のあてのこと。"碟"は小皿の量詞。小皿一枚の酒のあて（を作ること）＝簡単に解決できること。

490 见怪不怪。
Jiàn guài bú guài.

▶ **それほど変ではないよ。**

A：日本女孩儿冬天穿短裙，看着好冷啊。
　　Rìběn nǚháir dōngtiān chuān duǎnqún, kànzhe hǎo lěng a.

B：见怪不怪，不算什么。
　　Jiàn guài bú guài, bú suàn shénme.

　　A：日本の女の子は冬にミニスカートをはいてる、とっても寒そう。
　　B：それほど変ではないよ。何てことはない。

★ "短裙 duǎnqún" …ミニスカート＝"迷你裙 mínǐqún"。

★ "见怪不怪 jiàn guài bú guài" …直訳は「変なものを見たが、おかしくはない」。

491 人无完人。
Rén wú wánrén.

▶ **完璧な人はいないよ。**

A：我又错了。
　　Wǒ yòu cuò le.

B：人无完人，谁都会犯错的。
　　Rén wú wánrén, shéi dōu huì fàncuò de.

　　A：またミスしちゃいました。
　　B：完璧な人はいないよ。誰でもミスはするよ。

★ "完人 wánrén" …完璧な人、欠点のない人。

★ "犯 / 错 fàncuò" …ミスをする、過ちを犯す。

CHAPTER 9

492 顺其自然。
Shùn qí zìrán.

▶なるようになる。

A：货还没到，来不及怎么办！
Huò hái méi dào, láibují zěnme bàn!

B：**顺其自然**。着急也没用。
Shùn qí zìrán. Zháojí yě méiyòng.

　　A：品物がまだ来てない、間に合わなかったらどうしよう。
　　B：なるようになるよ。焦ってもしょうがないよ。

★ "货 huò" …商品、品物。
★ "顺其自然 shùn qí zìrán" …成り行きに任せる。

493 同病相怜。
Tóng bìng xiāng lián.

▶似たもの同士だね。

A：我毕业半年了，还没找到工作。
Wǒ bìyè bànnián le, hái méi zhǎodào gōngzuò.

B：我也是。**同病相怜**。
Wǒ yě shì. Tóng bìng xiāng lián.

　　A：卒業して半年たつのに、まだ仕事が見つからない。
　　B：私もだよ。似たもの同士だね。

★ "同病相怜 tóng bìng xiāng lián" …同病相哀れむ。互いの不遇な状態を慰め合うときに用いる。

494 没事找事。
Méi shì zhǎo shì.

▶あら探しをする。

A：我就看他不顺眼！
Wǒ jiù kàn tā bú shùnyǎn!

B：**没事找事**，别看不就行了？
Méi shì zhǎo shì, bié kàn bú jiù xíng le?

　　A：彼、感じ悪いな。
　　B：あら探しするからだよ、見なきゃいいでしょ。

★ "顺眼 shùnyǎn" …見て感じが良い。見た目が良い。
★ "没事找事 méi shì zhǎo shì" …何事もないのに事を探す＝あら探しをする。

495 不知深浅。
Bù zhī shēnqiǎn.

▶ 身の程をわきまえない。

A：绝对没问题。我们一定会成功的。
　　Juéduì méi wèntí. Wǒmen yídìng huì chénggōng de.

B：真**不知深浅**。你还是谦虚一点儿吧。
　　Zhēn bù zhī shēnqiǎn. Nǐ háishi qiānxū yìdiǎnr ba.

　　A：全く問題ない。僕たちに失敗なんてありえない。
　　B：ほんとに身の程知らずなんだから。もう少し謙虚になさい。

★ "深浅 shēnqiǎn" …程度、身の程、ものの分別。

★ "谦虚 qiānxū" …謙虚である、お高くとまっていない。

496 原来如此。
Yuánlái rúcǐ.

▶ そうだったんだ／なるほどね。

A：你知道吗？他们最近分手了。
　　Nǐ zhīdao ma? Tāmen zuìjìn fēnshǒu le.

B：**原来如此**。怪不得她不提男朋友的事了。
　　Yuánlái rúcǐ. Guàibude tā bù tí nánpéngyou de shì le.

　　A：知ってる？ 彼ら最近別れたらしいよ。
　　B：そうだったんだ。どうりで彼女、彼氏のこと言わなくなったわけだ。

★ "怪不得 guàibude" …どうりで＝"难怪 nánguài"。

497 自作自受。
Zì zuò zì shòu.

▶ 自業自得だよ。

A：这次考试他又没通过。
　　Zhècì kǎoshì tā yòu méi tōngguò.

B：**自作自受**。他根本就没准备。
　　Zì zuò zì shòu. Tā gēnběn jiù méi zhǔnbèi.

　　A：彼また落ちちゃった。
　　B：自業自得だよ。全く準備してないんだから。

★ "自作自受 zì zuò zì shòu" …自業自得。

498 好自为之吧。
Hǎo zì wéi zhī ba.

▶私の知ったことじゃないよ / し～らない。

A：我要搬出去住了！
　Wǒ yào bānchuqu zhù le!

B：我也不能勉强你，好自为之吧。
　Wǒ yě bù néng miǎnqiǎng nǐ, hǎo zì wéi zhī ba.

　　A：引っ越してやる！
　　B：私も君に無理強いできないけどね。し～らない。

★ "搬 bān" …引っ越す。

★ "好自为之 hǎo zì wéi zhī" …本来は「(そんなに言うなら、そんな態度なら) 納得のいくようにやりなさい、勝手にしなさい」という意味。

499 别自讨苦吃。
Bié zì tǎo kǔ chī.

▶墓穴をほるな。

A：我觉得应该弄清楚这件事儿！
　Wǒ juéde yīnggāi nòngqīngchu zhèi jiàn shìr!

B：别自讨苦吃。
　Bié zì tǎo kǔ chī.

　　A：私はこのことははっきりさせたほうがいいと思う。
　　B：墓穴ほったらだめだよ。

★ "自讨苦吃 zì tǎo kǔ chī" …自ら求めて苦労をする。自分から苦しいほうに持っていく。

500 三思而后行。
Sān sī ér hòu xíng.

▶よく考えてから行動する。

A：这件事不能这么轻易下结论。
　Zhèi jiàn shì bù néng zhème qīngyì xià jiélùn.

B：对，应该三思而后行。
　Duì, yīnggāi sān sī ér hòu xíng.

　　A：このことはそんな簡単に決めてはいけないよ。
　　B：そうだよ。よく考えてから行動しないと。

★ "下 / 结论 xià jiélùn" …結論を決める、結論を下す。

★ "三思而后行 sān sī ér hòu xíng" …三思のあとに行う＝何度も考えてから行動する。

501 听天由命吧。
Tīng tiān yóu mìng ba.
▶ **天命に任せるよ。**

A：你不担心吗?
　　Nǐ bù dānxīn ma?
B：听天由命吧。
　　Tīng tiān yóu mìng ba.
　　A：心配してないの？
　　B：天命に任せるよ。

★ "听天由命 tīng tiān yóu mìng" …天に任せ、命による＝成り行きに任せる。

502 自认倒霉吧。
Zì rèn dǎoméi ba.
▶ **あきらめなさい。**

A：我等了两个小时，她都没来。
　　Wǒ děngle liǎng ge xiǎoshí, tā dōu méi lái.
B：自认倒霉吧。
　　Zì rèn dǎoméi ba.
　　A：２時間待ったけど彼女来なかったよ。
　　B：あきらめなさい。

★ "自认倒霉 zì rèn dǎoméi" …直訳は「不運であることを自ら認める」。

503 有钱好办事。
Yǒu qián hǎo bànshì.
▶ **地獄の沙汰も金次第。**

A：给她一笔钱，就没有问题了。
　　Gěi tā yì bǐ qián, jiù méi yǒu wèntí le.
B：真的? 有钱好办事。
　　Zhēnde? Yǒu qián hǎo bànshì.
　　A：彼女にまとまったお金を渡せば、問題ないでしょう。
　　B：本当に？ 地獄の沙汰も金次第ってやつか。

★ "一笔钱 yì bǐ qián" …ひとまとまりの金。"笔"はその量詞。
★ "有钱好办事 yǒu qián hǎo bànshì" …直訳は「お金があれば、何事もやりやすい」。

504 天公不作美。
Tiāngōng bú zuòměi.

▶ お天道様が意地悪する。

A：为什么我要出去的时候就下雨呢?
Wèi shénme wǒ yào chūqu de shíhou jiù xiàyǔ ne?

B：**天公不作美。**不凑巧啊。
Tiāngōng bú zuòměi. Bú còuqiǎo a.

　A：どうして、私が出かけようとすると雨が降るんだろう。
　B：お天道様が意地悪してるんでしょ。タイミング悪いね。

★ "天公 tiāngōng" …天の神様、お天道様。
★ "作美 zuòměi" …いいように取り計らう、願いをかなえてくれる。
★ "凑巧 còuqiǎo" …タイミングが良い。

505 我们扯平了。
Wǒmen chěpíng le.

▶ これでチャラね。

A：谢谢你帮我。
Xièxie nǐ bāng wǒ.

B：不用谢。**我们扯平了。**
Búyòng xiè. Wǒmen chěpíng le.

　A：フォローしてくれてありがとう。
　B：どういたしまして、これでチャラだね。

★ "扯平 chěpíng" …引っ張って平行状態になる＝おあいこ、チャラになる。"平" は結果補語。

506 这才像话嘛。
Zhè cái xiànghuà ma.

▶ そうでなくては。

女：爸爸，对不起，向你赔不是了。
Bàba, duìbuqǐ, xiàng nǐ péi búshi le.

父：对，**这才像话嘛。**
Duì, zhè cái xiànghuà ma.

　娘：お父さん、ごめんなさい。私が謝る。
　父：そうだよ。そうでなくては。

★ "向 xiàng ～赔不是 péi búshi" … ～に謝る、～にお詫びをする。
★ "像/话 xiànghuà" …道理にかなっている、筋が通っている。

507 不是你是谁。
Bú shì nǐ shì shéi.

▶ **君に間違いない。**

A：别看我。那可不是我干的。
　　Bié kàn wǒ. Nà kě bú shì wǒ gàn de.

B：**不是你是谁。**
　　Bú shì nǐ shì shéi.

　　A：見ないで。私がやったんじゃないんだから。
　　B：君に間違いないもの。

★ "不是你是谁 bú shì nǐ shì shéi" …直訳は「君でなかったら誰なんだ」。

508 节哀顺变吧。
Jié āi shùn biàn ba.

▶ **ご愁傷様です。**

A：**节哀顺变吧。**
　　Jié āi shùn biàn ba.

B：谢谢，现在已经好多了。
　　Xièxie, xiànzài yǐjīng hǎoduō le.

　　A：ご愁傷様です。
　　B：ありがとう。今はずいぶん持ち直したから。

★ "节哀顺变 jié āi shùn biàn" …哀を節にし、変にしたがう。「哀しみをおさえ、変事に慣れなさい」という不幸のあった人に対して言う慰めの挨拶。

509 来日方长嘛。
Lái rì fāng cháng ma.

▶ **先はまだ長いですから。**

A：这次时间很紧张，没法见面了。
　　Zhècì shíjiān hěn jǐnzhāng, méifǎ jiànmiàn le.

B：没关系，还有机会。**来日方长嘛。**
　　Méi guānxi, hái yǒu jīhuì. Lái rì fāng cháng ma.

　　A：今回は時間がなくて、会えなくなりました。
　　B：大丈夫、また機会がありますよ。先はまだ長いですから。

★ "来日方长 lái rì fāng cháng" …来日（らいじつ）まさに長し＝まだ先は長い。

510 果然名不虚传。
Guǒrán míng bù xū chuán.

▶ 評判どおりだね。

A：贝克汉姆太厉害了！**果然名不虚传。**
　　Bèikèhànmǔ tài lìhai le! Guǒrán míng bù xū chuán.

B：那当然。是我的偶像呢。
　　Nà dāngrán. Shì wǒ de ǒuxiàng ne.

　　A：ベッカムはすごいねえ。評判どおりだね。
　　B：それは当然です。私のアイドルだもの。

★ "贝克汉姆 Bèikèhànmǔ" …ベッカム。

★ "名不虚传 míng bù xū chuán" …名に恥じない、評判どおりである。

★ "偶像 ǒuxiàng" …アイドル。

511 这不合情理啊。
Zhè bù hé qínglǐ a.

▶ それは情理に合わないね。

A：他们俩登记结婚了。
　　Tāmen liǎ dēngjì jiéhūn le.

B：那两个人不是经常吵架吗？**这不合情理啊。**
　　Nèi liǎng ge rén bú shì jīngcháng chǎojià ma? Zhè bù hé qínglǐ a.

　　A：彼ら、婚姻手続きしに行ったよ。
　　B：あの２人っていつも喧嘩してるよね？　情理に合わないね。

★ "不合情理 bù hé qínglǐ" …情理に合わず＝人情や道理に合わないこと。

512 不要无理取闹。
Búyào wú lǐ qǔ nào.

▶ わけのわからないこと言わないで。

A：该道歉就道歉吧！**不要无理取闹。**
　　Gāi dàoqiàn jiù dàoqiàn ba! Búyào wú lǐ qǔ nào.

B：谁无理取闹了？猪八戒倒打一耙。
　　Shéi wúlǐ qǔ nào le? Zhūbājiè dào dǎ yì pá.

　　A：謝るべきことは謝りなさい。わけのわからないことを言わないで。
　　B：誰がわけのわからないこと言ってるって？　人のせいにして。

★ "无理取闹 wú lǐ qǔ nào" …道理なく悶着を起こす。

★ "猪八戒倒打一耙 Zhūbājiè dào dǎ yì pá" …猪八戒がむやみに武器を振るう＝自分の欠点やミスを棚に上げて逆に人を責めること。

513 此事与我无关。
Cǐshì yǔ wǒ wúguān.

▶それは私とは関係ない。

A：说说看吧，到底怎么回事儿?
Shuōshuo kàn ba, dàodǐ zěnme huí shìr?

B：此事与我无关。
Cǐshì yǔ wǒ wúguān.

　A：言ってごらん。いったいどういうことなの？
　B：そのことは私とは関係ない。

★ "与 yǔ ～无关 wúguān" は古典的表現。口語的に言うなら "跟～没关系"。

514 此一时，彼一时。
Cǐ yì shí, bǐ yì shí.

▶前は前、今は今。

A：此一时，彼一时。不可能一成不变。
Cǐ yì shí, bǐ yì shí. Bù kěnéng yì chéng bú biàn.

B：就是，瞎想也没用。
Jiùshì, xiā xiǎng yě méiyòng.

　A：前は前、今は今。ずっと同じってことはないんだよ。
　B：そうだね。馬鹿なこと考えても無駄だよね。

★ "此一时，彼一时 cǐ yì shí, bǐ yì shí" …これもいちじ、かれもいちじ＝あの時はあの時で、今は今だ。　★ "一成不变 yì chéng bú biàn" …一度できあがると永久に変わらない。　★ "瞎 xiā" …でたらめに、むやみに。

515 你问我，我问谁?
Nǐ wèn wǒ, wǒ wèn shéi?

▶知ってるはずないでしょ。

A：你说这究竟是为什么?
Nǐ shuō zhè jiūjìng shì wèi shénme?

B：你问我，我问谁?
Nǐ wèn wǒ, wǒ wèn shéi?

　A：そう言うのはいったいどうしてですか。
　B：知るわけがないでしょ。

★ "究竟 jiūjìng" …いったい、結局。ここは副詞用法。

★ "你问我，我问谁? nǐ wèn wǒ, wǒ wèn shéi?" …直訳は「あなたは私に聞くけど、私は誰に聞けばいいわけ？」。

516 英雄所见略同。
Yīngxióng suǒ jiàn lüè tóng.

▶偉い人が考えることは似るんだよ。

A:你的想法和我一样。**英雄所见略同。**
Nǐ de xiǎngfǎ hé wǒ yíyàng. Yīngxióng suǒ jiàn lüè tóng.

B:别臭美了！
Bié chòuměi le!

　　A:あなたの考えは私と同じだね。偉い人が考えることは似るんだな。
　　B:思い上がるな。

★ "英雄所见略同 yīngxióng suǒ jiàn lüè tóng" …英雄の見解はだいたい同じだ。

★ "臭美 chòuměi" …思い上がっている、カッコつけている。

517 说曹操曹操到。
Shuō Cáo Cāo Cáo Cāo dào.

▶噂をすれば影。

A:**说曹操曹操到。**你看，他来了。
Shuō Cáo Cāo Cáo Cāo dào. Nǐ kàn, tā lái le.

B:真是，怎么这么巧?
Zhēnshi, zěnme zhème qiǎo?

　　A:噂をすればってやつだよ。ほら、彼が来た。
　　B:本当に。何でこんなタイミングで？

★ "说曹操曹操到 shuō Cáo Cāo Cáo Cāo dào" …曹操と言えば、曹操到る＝噂をすれば影がさす。

518 一分钱，一分货。
Yì fēn qián, yì fēn huò.

▶それなりの価値がある。

A:哎呀，这也太贵了！
Aiya, zhè yě tài guì le!

B:东西好啊！**一分钱，一分货。**
Dōngxi hǎo a! Yì fēn qián, yì fēn huò.

　　A:あ〜、これも高いねえ。
　　B:ものはいいんだから。それなりの価値があるんだから。

★ "一分钱，一分货 yì fēn qián, yì fēn huò" は値段が高いものに対しての表現。「安いものはそれなりだ」というときには使えない。

519 既来之，则安之。
Jì lái zhī, zé ān zhī.
▶ **案ずるより産むが易し。**

A：就算排到了，黄花菜都凉了。
　　Jiùsuàn páidào le, huánghuācài dōu liáng le.
B：别急，既来之，则安之。
　　Bié jí, jì lái zhī, zé ān zhī.

　　A：仮に並んで自分の番になってもだめかも。
　　B：焦せっちゃだめ、案ずるより産むが易しだよ。

★ "就算 jiùsuàn" …たとえ〜でも＝"即使 jíshǐ"。
★ "黄花菜都凉了 huánghuācài dōu liáng le" …"黄花菜 huánghuācài" は乾燥した野菜の一種。水に戻して食べる。「料理した"黄花菜"も冷めてしまった」＝時すでに遅し。
★ "既来之，则安之 jì lái zhī, zé ān zhī" …すでにこれをきたせば、すなわちこれを安んず＝とにかく来たものに対して受け入れる。

520 吃一堑，长一智。
Chī yí qiàn, zhǎng yí zhì.
▶ **失敗を経験して賢くなる。**

A：吃一堑，长一智。我一定以此为教训。
　　Chī yí qiàn, zhǎng yí zhì. Wǒ yídìng yǐ cǐ wéi jiàoxùn.
B：但愿如此。
　　Dàn yuàn rúcǐ.

　　A：今回のミスは勉強になりました。この経験を教訓とします。
　　B：そうなればいいですけど…。

★ "吃一堑，长一智 chī yí qiàn, zhǎng yí zhì" …一堑(いちざん)をくらい、一智(いっち)長ず＝一度堀に落ちれば、一つ知恵がつく＝一度失敗をすればその分利口になる。
★ "以 yǐ〜为 wéi…" で「〜を…とする」。
★ "但愿如此 dàn yuàn rúcǐ" …「そうなればいいけど、実際はどうだろうか」といぶかった表現。

521 百闻不如一见。
Bǎi wén bùrú yí jiàn.

▶ **百聞は一見に如かず。**

A：看了北京的鸟巢、水立方，真是令人大开眼界。
　Kànle Běijīng de Niǎocháo, Shuǐlìfāng, zhēn shì lìng rén dà kāi yǎnjiè.

B：对吧。**百闻不如一见。**
　Duì ba. Bǎi wén bùrú yí jiàn.

　　A：北京のバードネストやウォーターキューブは本当に目を見張るものがあるね。
　　B：そうだよ。百聞は一見に如かずだよ。

★ "鸟巢 Niǎocháo"…北京国家体育場、通称「鳥の巣」。08年北京五輪のメインスタジアム。
★ "水立方 Shuǐlìfāng"…北京国家水泳センター。08年北京五輪の水泳競技会場。
★ "大开 / 眼界 dà kāi yǎnjiè"…大いに見聞を広げる。

522 为什么非我不可？
Wèi shénme fēi wǒ bùkě?

▶ **どうして私じゃないとだめなの？**

A：**为什么非我不可？**
　Wèi shénme fēi wǒ bùkě?

B：那你说还能让谁去？
　Nà nǐ shuō hái néng ràng shéi qù?

　　A：どうして私じゃないとだめなの？
　　B：じゃあ、誰に行かせられると思う？

★ "非 fēi ～不可 bùkě"…～でないといけない。

523 真是吹牛不上税。
Zhēn shì chuīniú bú shàngshuì.

▶ **嘘ついてもばちはあたらないよね。**

A：她说她爸爸在联合国当秘书长。
　Tā shuō tā bàba zài liánhéguó dāng mìshūzhǎng.

B：**真是吹牛不上税。**
　Zhēn shì chuīniú bú shàngshuì.

　　A：彼女、お父さんが国連の書記長だって言ってたよ。
　　B：本当に、嘘をついてもばちはあたらないよね。

★ "联合国 liánhéguó"…国際連合、国連。
★ "秘书长 mìshūzhǎng"…書記長、事務長。"秘书"は「秘書」。
★ "吹牛不上税 chuīniú bú shàngshuì"…直訳は「嘘をついても税はかからない」。

524 你迟早会明白的。
Nǐ chízǎo huì míngbai de.

▶ **遅かれ早かれわかるよ。**

A：这到底是为什么？
　　Zhè dàodǐ shì wèi shénme?

B：**你迟早会明白的。**
　　Nǐ chízǎo huì míngbai de.

　　A：これはいったいどうして？
　　B：遅かれ早かれわかるよ。

★ "迟早 chízǎo" …遅かれ早かれ、そのうち。"早晚 zǎowǎn" とも。

525 这事谁也说不准。
Zhèi shì shéi yě shuōbuzhǔn.

▶ **それは誰にもはっきり言えない。**

A：你说明天会下雨吗？
　　Nǐ shuō míngtiān huì xiàyǔ ma?

B：**这事谁也说不准。**
　　Zhèi shì shéi yě shuōbuzhǔn.

　　A：明日は雨だと思う？
　　B：それは誰にもはっきり言えないよ。

★ "说不准 shuōbuzhǔn" …断定できない。可能補語の否定形。"准" …確かである、正確である。

526 就当没听见算了。
Jiù dàng méi tīngjiàn suàn le.

▶ **聞かなかったことにすればいい。**

女：妈妈又开始唠叨了。
　　Māma yòu kāishǐ láodao le.

父：**就当没听见算了。**
　　Jiù dàng méi tīngjiàn suàn le.

　　娘：ママがまたぐだぐだ言い出したよ。
　　父：聞かなかったことにしよう。

★ "唠叨 láodao" …ぶつぶつ言う、くどくど言う。

527 心有灵犀一点通。
Xīn yǒu língxī yì diǎn tōng.

▶以心伝心だね。

A：我也是这么想的。
　　Wǒ yě shì zhème xiǎng de.
B：心有灵犀一点通。
　　Xīn yǒu língxī yì diǎn tōng.

　　A：私もそう思ってた。
　　B：以心伝心だね。

★ "心有灵犀一点通 xīn yǒu língxī yì diǎn tōng" …心に霊犀の一点通ずるあり＝心が相互に通じ合っている。以心伝心。

528 失败是成功之母。
Shībài shì chénggōng zhī mǔ.

▶失敗は成功のもと。

A：面试又失败了。
　　Miànshì yòu shībài le.
B：失败是成功之母。
　　Shībài shì chénggōng zhī mǔ.

　　A：面接またうまくいかなかった。
　　B：失敗は成功のもとだよ。

529 白送我我都不要。
Bái sòng wǒ wǒ dōu bú yào.

▶タダでもいらない。

A：让他做你男朋友吧。
　　Ràng tā zuò nǐ nánpéngyou ba.
B：白送我我都不要。
　　Bái sòng wǒ wǒ dōu bú yào.

　　A：彼を彼氏にしたら？
　　B：タダでもいらない。

★ "白 bái V(O)" …タダで〜する。

530 我说东你就说西。
Wǒ shuō dōng nǐ jiù shuō xī.

▶ああ言えば、こう言う。

母：作业写完了再出去玩儿吧。
Zuòyè xiěwánle zài chūqu wánr ba.

子：我都跟朋友说好了。你不是老让我守时守约嘛。
Wǒ dōu gēn péngyou shuōhǎo le. Nǐ bú shì lǎo ràng wǒ shǒushí shǒuyuē ma.

母：**我说东你就说西**。气死我了！
Wǒ shuō dōng nǐ jiù shuō xī. Qìsǐ wǒ le!

　　母：宿題やってから、遊びに行きなさいよ。
　　子：友達と約束したんだもん。いつも時間と約束は守れって言ってるでしょ。
　　母：ああ言えば、こう言う。むっかつく！

★"跟 gēn～说好 shuōhǎo"…～にちゃんと言う、～と約束する。"好"は結果補語。

★"守时守约 shǒushí shǒuyuē"…時間を守り、約束を守る。

531 真没想到这一招。
Zhēn méi xiǎngdào zhè yì zhāo.

▶その手を使ってくるとは。

A：真没想到这一招。
Zhēn méi xiǎngdào zhè yì zhāo.

B：聪明一世，糊涂一时嘛。
Cōngming yíshì, hútu yìshí ma.

　　A：その手を使ってくるとは。
　　B：賢者も時として愚者になることがあるんだよ。

★"招 zhāo"…本来は将棋や碁の「手」のこと。「やり口」の意味でも使う。

★"聪明一世，糊涂一时 cōngming yíshì, hútu yìshí"…賢者も時として愚者となる。弘法にも筆の誤り。

532 家家有本难念的经。
Jiājiā yǒu běn nán niàn de jīng.

▶ 家庭の事情は複雑だね。

A：她丈夫赌博，孩子又多病，她可真不容易啊。
　　Tā zhàngfu dǔbó, háizi yòu duōbìng, tā kě zhēn bù róngyì a.

B：唉，家家有本难念的经。
　　Ai, jiājiā yǒu běn nán niàn de jīng.

　　A：彼女の旦那はギャンブルをやるし、子供も病気で、本当に大変だよ。
　　B：うん、各々の家庭の事情は複雑だね。

★ "丈夫 zhàngfu" …旦那。　　★ "赌 / 博 dǔbó" …博打、賭け事、ギャンブルをする。

★ "家家有本难念的经 jiājiā yǒu běn nán niàn de jīng" …どの家にも読みにくいお経がある＝どの家にも複雑な事情がある。

533 到时候你就知道了。
Dào shíhou nǐ jiù zhīdao le.

▶ そのときが来たらわかるよ。

A：这是要去哪里啊？
　　Zhè shì yào qù nǎli a?

B：到时候你就知道了。
　　Dào shíhou nǐ jiù zhīdao le.

　　A：どこへ行こうとしてるの？
　　B：そのときが来たらわかるよ。

★「まだ早い、そのときが来ていない」は、"还没到时候。Hái méi dào shíhou."。

534 什么风把你吹来啦？
Shénme fēng bǎ nǐ chuīlai la?

▶ どういう風の吹きまわし？

A：是你啊，什么风把你吹来啦？
　　Shì nǐ a, shénme fēng bǎ nǐ chuīlai la?

B：今天你发工资吧。带我去改善改善生活吧。
　　Jīntiān nǐ fā gōngzī ba. Dài wǒ qù gǎishàngaishan shēnghuó ba.

　　A：やぁ、どういう風の吹きまわし？
　　B：今日は給料日だよね。ごちそう食べに連れてってよ。

★ "什么风把你吹来啦？" …直訳は「どんな風が吹いて君を来させたのか」。

★ "发 / 工资 fā gōngzī" …給料を出す。ここでは「給料が出る」ことを言っている。

★ "改善 / 生活 gǎishàn shēnghuó" …「生活を改善する」ではなく、「ごちそうを食べる」の意。

192　CHAPTER 9

535 多一事不如少一事。
Duō yí shì bùrú shǎo yí shì.

▶ **余計なことはしないほうがいい。**

A：我真想去问他个究竟。
　Wǒ zhēn xiǎng qù wèn tā ge jiūjìng.

B：算了，多一事不如少一事。
　Suàn le, duō yí shì bùrú shǎo yí shì.

　　A：彼に徹底的に聞くよ。
　　B：やめな。余計なことはしないほうがいい。

★ "究竟 jiūjìng" …結果、一部始終。ここは名詞用法。

536 心急吃不了热豆腐。
Xīn jí chībuliǎo rè dòufu.

▶ **急がば回れだよ。**

A：别磨蹭了，快点儿吧！
　Bié móceng le, kuài diǎnr ba!

B：急什么？心急吃不了热豆腐。
　Jí shénme? Xīn jí chībuliǎo rè dòufu.

　　A：ぐずぐずしないで、急いで。
　　B：何焦ってんの？ 急がば回れだよ。

★ "心急吃不了热豆腐 xīn jí chībuliǎo rè dòufu" …直訳は「焦っていては、あつあつの豆腐は食べられない」。

537 癞蛤蟆想吃天鹅肉！
Làiháma xiǎng chī tiān'é ròu!

▶ **高望みだよね。**

A：他竟然还想追"校花"！
　Tā jìngrán hái xiǎng zhuī "Xiàohuā"!

B：就是，癞蛤蟆想吃天鹅肉！
　Jiùshì, làiháma xiǎng chī tiān'é ròu!

　　A：彼、学校のマドンナを追いかけてるんだって。　B：そう、高望みだよね。

★ "校花 xiàohuā" …学校のマドンナ。「学部、学科のマドンナ」は "系花 xìhuā"、「クラスのマドンナ」は "班花 bānhuā"。

★ "癞蛤蟆想吃天鹅肉 làiháma xiǎng chī tiān'é ròu" …直訳は「ガマガエルが白鳥の肉を食べたがる」＝叶えられそうにもない望みを持つ。

CD 97

538 看在老天爷的面上。
Kànzài lǎotiānyé de miànshang.

▶ **神様に免じて。**

A：**看在老天爷的面上**，就再原谅你一次。
　　Kànzài lǎotiānyé de miànshang, jiù zài yuánliàng nǐ yí cì.

B：我保证下不为例。
　　Wǒ bǎozhèng xià bù wéi lì.

　　A：神様に免じて、今回も許します。
　　B：次はこうならないようにします。

★ "老天爷 lǎotiānyé" …天の神様。

★ "下不为例 xià bù wéi lì" …次はない、これ以降は例としない。

539 早知如此，何必当初。
Zǎo zhī rúcǐ, hébì dāngchū.

▶ **早く知っていたら、そうしなかったのに。**

A：到头来他还是被甩了。
　　Dàotóulái tā háishi bèi shuǎi le.

B：**早知如此，何必当初。**
　　Zǎo zhī rúcǐ, hébì dāngchū.

　　A：最後の最後になって、彼はやっぱり振られたよ。
　　B：早く知っていたらそうしなかっただろうに。

★ "到头来 dàotóulái" …結局のところ、挙げ句の果てに。

★ "何必 hébì" …〜する必要はないではないか。反語表現。

★ "当初 dāngchū" …最初、以前。

540 就当我什么也没说。
Jiù dàng wǒ shénme yě méi shuō.

▶ **何も言わなかったことにする。**

A：对不起，**就当我什么也没说**。
　　Duìbuqǐ, jiù dàng wǒ shénme yě méi shuō.

B：不可能！说出去的话就像泼出去的水。
　　Bù kěnéng! Shuōchuqu de huà jiù xiàng pōchuqu de shuǐ.

　　A：ごめんなさい。何も言わなかったことにする。
　　B：無理だよ。言ってしまったらもう取り返しがつかないんだから。

★「取り返しがつかない、既成事実は変えられない」は "生米做成熟饭 shēngmǐ zuòchéng shúfàn（ご飯はもう炊けてしまった、あとの祭り）" とも。

541 太阳从西边出来了！
Tàiyáng cóng xībian chūlai le!

▶ **それはめずらしい！**

A：他今天不仅起得早，还为我们做了早餐呢！
　　Tā jīntiān bùjǐn qǐde zǎo, hái wèi wǒmen zuòle zǎocān ne!

B：真的！**太阳从西边出来了！**
　　Zhēnde! Tàiyáng cóng xībian chūlai le!

　　A：今日彼、早起きして、さらに私たちに朝ごはん作ってくれたよ。
　　B：本当に！ それはめずらしい！

★ "不仅 bùjǐn" …〜だけでなく。

★ "太阳从西边出来了 tàiyáng cóng xībian chūlai le" …西から太陽が昇る＝珍しいことが起きた。

542 简直相差十万八千里。
Jiǎnzhí xiāngchà shíwàn bāqiān lǐ.

▶ **全くかけ離れているよ。**

A：我堆的是雪人，你看不出来吗？
　　Wǒ duī de shì xuěrén, nǐ kànbuchūlái ma?

B：看不出来。**简直相差十万八千里。**
　　Kànbuchūlái. Jiǎnzhí xiāngchà shíwàn bāqiān lǐ.

　　A：私が作ったの雪だるまなんだけど、わかる？
　　B：わかんないよ。全くかけ離れているよ。

★ "堆 / 雪人 duī / xuěrén" …雪だるまを作る。

★ "相差十万八千里 xiāngchà shíwàn bāqiān lǐ" … "十万八千里"は『西遊記』の唐からインドの距離。意味は「はるかにかけ離れている」。

543 三十年河东三十年河西。
Sānshí nián hédōng sānshí nián héxī.

▶ **浮き沈みが激しい。**

A：日本娱乐圈有很多明星，我都记不住。
　　Rìběn yúlèquān yǒu hěnduō míngxīng, wǒ dōu jìbuzhù.

B：不用记。**三十年河东三十年河西。**
　　Búyòng jì. Sānshí nián hédōng sānshí nián héxī.

　　A：日本の芸能界はたくさんスターがいるけど、全然覚えられない。
　　B：覚えなくていいよ。浮き沈みが激しいからね。

★ "娱乐圈 yúlèquān" …芸能界。　　★ "明星 míngxīng" …スター、アイドル。

★ "三十年河东三十年河西 sānshí nián hédōng sānshí nián héxī" … "河"は黄河を指す。「ある30年川の東にいたかと思えば、ある30年は川の西にいる」。先が読めないことの喩え。

INDEX 中国語索引

A
安静点儿。	127

B
把这个放回原处。	171
白忙了。	67
白送我我都不要。	190
百闻不如一见。	188
办妥当了吗？	168
帮帮忙好吗？	73
保持平常心。	100
抱歉。	39
被人甩了。	143
彼此彼此。	21
表里不一。	176
别半途而废啊。	135
别不懂装懂。	131
别叨了！	122
别大惊小怪的。	134
别担心。	92
别管我。	122
别胡说！	123
别灰心。	91
别讲得那么轻松。	138
别开玩笑了。	133
别浪费时间了。	135
别老土了！	111
别理他了。	127
别磨蹭！	125
别那么夸张好不好？	140
别瞧不起人！	131
别轻易放弃。	132
别傻了！	125
别说得那么简单。	138
别说丧气话。	131
别淘气！	124
别提那件事儿了。	137
别听什么就信什么。	139
别拖我的后腿！	137
别忘了锁门。	130
别想歪了！	126
别小看我。	70
别再斤斤计较了！	104
别这样。	123
别这样说。	128
别转移话题。	129
别装蒜了！	126
别装英雄了。	133
别自讨苦吃。	180
别自我陶醉了。	136

不碍事。	7
不必了。	159
不关我的事儿。	82
不会吧。	7
不会错的。	93
不见不散！	46
不见得。	11
不能奉陪了。	167
不骗你。	68
不是你是谁。	183
不是这样的。	27
不讨厌也不喜欢。	83
不行就是不行。	136
不行再说。	163
不要紧。	92
不要离开我。	144
不要勉强。	93
不要那么吃醋嘛。	149
不要绕远，好不好？	60
不要上当。	129
不要无理取闹。	184
不一定吧。	15
不一定对吧。	75
不用多说吧。	26
不用了。	7
不用张罗了。	166
不怎么流行。	51
不怎么样。	14
不知深浅。	179
不至于吧。	17
不总是这样。	31

C
猜猜看。	12
差劲！	107
长话短说。	162
吵架说明两个人关系好。	156
沉默是金。	175
吃一堑，长一智。	187
吃着还行。	43
重来吧！	88
出什么事了？	28
吹牛！	106
此事与我无关。	185
此一时，彼一时。	185

D
打表了吗？	47
打起精神来！	99
打折吗？	41

大家都在等你呢！	58
大约什么时候？	170
待会儿见。	19
到点了。	42
到时候你就知道了。	192
得了吧。	6
等想起来了再告诉你。	86
点菜！	38
电话打不通。	53
掉头好吗？	47
多保重。	88
多吃点儿。	43
多多包涵。	164
多亏你了。	165
多一事不如少一事。	193

E
欸，听说了吗？	24

F
放开我！	123
放松。	88
分手吧。	142

G
该你啰！	41
改天再说吧。	165
干杯！	39
干脆就别想了。	101
干吗？	3
敢不敢打赌？	50
感激不尽。	165
感觉怎么样？	54
刚才说到哪儿了？	35
跟谁都不能说。	80
够了。	40
光说不做。	113
果然没错。	23
果然名不虚传。	184
过奖了。	8
过来一下。	15

H
还差点儿。	69
还凑合吧。	71
还是打车吧。	51
还是老样子。	168
还是你厉害。	100
好啊！	2
好得没话说。	98

INDEX 197

好好儿干吧。	97
好久不见。	161
好累呀。	65
好漂亮。	90
好球！	38
好羡慕啊！	94
好香啊！	41
好像是。	10
好自为之吧。	180
回头打你手机。	57
回头向我汇报。	170
回头再说吧。	27
活该！	106
活见鬼！	66
祸不单行。	175

J

机会有的是。	100
急死我了。	112
既来之，则安之。	187
家家有本难念的经。	192
假惺惺的。	112
肩膀酸痛得不行。	60
简直相差十万八千里。	195
简直像做梦一样。	84
见怪不怪。	177
见外了。	68
交给我吧。	164
脚踩两只船。	143
节哀顺变吧。	183
尽管说。	159
救命啊！	124
就当没听见算了。	189
就当我什么也没说。	194
就依你这一次。	82
就是。	2
就这么办。	16
就这么说定了。	55
决不可能。	71

K

看车！	122
看在老天爷的面上。	194
可以和你约会吗？	148
哭，就知道哭！	113
快点儿！	40

L

来不及了。	161
来得正好。	13
来日方长嘛。	183
癞蛤蟆想吃天鹅肉！	193
理解万岁！	72
令人佩服。	94

M

马马虎虎。	14
马上。	3
马上来。	40
买单。	38
慢慢就好了。	97
慢慢考虑吧。	73
没办法。	8
没什么。	5
没什么可说的。	82
没什么了不起。	118
没事儿。	6
没事找事。	178
没完没了。	176
没文化。	108
没意思极了。	115
没用的东西！	115
明天再说好吗？	170

N

拿好。	2
哪儿的话。	20
那倒不是。	15
那倒是。	6
那好啊。	5
那就放心了。	75
那就这样吧。	25
那也不是。	22
那怎么行？	160
那正好。	8
难道是喜欢我？	147
难怪。	4
难以置信。	174
能不能帮我破开？	59
能吃就是福。	53
能刷卡吗？	48
你不说我也知道。	85
你说我怎么知道啊。	140
你不用再说了。	33
你迟早会明白的。	189
你从哪里冒出来的？	61
你答对了。	12
你打算怎么办？	34
你大胆一点儿！	101
你盯上人家了吧？	150
你搞错了。	129
你鬼鬼祟祟在干嘛？	61
你还记得我吗？	146
你还真能说啊。	103
你还嘴硬。	111
你会后悔的。	75
你急什么？	127
你觉得呢？	17
你觉得我怎么样？	149
你可太丢人了。	117
你可想开一点儿啊！	104
你买贵了。	46
你美什么？	22
你们感情真好啊。	150
你们聊吧。	19
你拿着吧。	44
你脑瓜真好用。	102
你骗不了我。	132
你认错人了吧。	169
你说呢？	9
你太过分了。	116
你讨厌我了吗？	145
你问我，我问谁？	185
你问这个干嘛？	32
你喜欢什么样的男性？	155
你喜欢我的哪一点？	153
你喜欢这个？	51
你先走吧，我这就到。	62
你想得太多了吧。	104
你想点什么？	54
你需要吗？	162
你也一样。	18
你已经尽力了。	103
你有什么瞒着我，是吧？	154
你又少不了什么。	120
你在听吗？	17
你怎么不说说自己？	139
你怎么还那样啊！	137
你怎么还是老样子。	139
你怎么会在这儿？	119
你怎么现在才来？	119
你怎么这么不懂事？	120
你怎么这么帅啊？	149
你怎么知道？	27
你这个急性子。	118
你这个乌鸦嘴。	116
你这是干吗？	29
你这是什么口气？	119
你真滑头。	112
你真行！	89
你装什么傻？	133

P

怕了吧！	42
碰碰运气吧。	96

Q

千万别误会。	130
千万别学我。	130

请便。	158
请多关照。	161
请留步。	160
请拿一点儿餐巾纸。	62
请问一下。	16
去车站怎么走？	55

R

然后呢？	11
让你破费了。	52
让你受累了。	167
让我们重新开始吧。	152
让我试试吧。	76
让我想想。	69
让我再睡会儿。	57
让一下好吗？	50
饶了我吧。	70
人无完人。	177
认输吧！	124
如果我是你。	80

S

三十年河东三十年河西。	195
三思而后行。	180
伤心的时候想想我。	152
少自作聪明。	132
谁告诉你的？	28
什么都可以。	53
什么风把你吹来啦？	192
什么来着？	20
失败是成功之母。	190
失陪了。	158
实话对你说。	29
实话实说。	174
实在受不了了。	118
是不是有外遇了？	147
是吗？	3
是你多心了。	99
是因为我吗？	76
是又怎样？	21
手机快没电了。	56
手机没有信号。	56
顺便说一声。	28
顺其自然。	178
说曹操曹操到。	186
说出来吧。	19
说的也是。	16
说点别的吧。	72
说给我听吧。	29
说话不算数！	134
说话注意点儿。	134
死了这条心吧！	136
算了吧。	66
算你厉害。	111
算我一个。	46
随便看看吧。	48
随便说说嘛。	30
随你的便！	21

T

他好像对你有意思。	152
他可是海量。	52
他老毛病又犯了吧。	120
他什么地方比我好？	153
他是他，你是你。	102
太不像话了。	114
太逗了！	91
太给您添麻烦了。	171
太精彩了。	95
太没礼貌了。	114
太神了！	89
太适合你了。	98
太阳从西边出来了！	195
讨厌！	65
天公不作美。	182
天哪！	64
听起来挺复杂的。	84
听天由命吧。	181
听我的没错。	77
听着。	5
挺好玩儿的。	96
同病相怜。	178

W

完了。	65
完全没问题。	24
为什么不早说？	135
为什么非我不可？	188
为什么是我？	74
我不会忘的。	76
我不会忘记你。	146
我不介意。	92
我不能不管。	79
我不是跟你说了吗？	36
我不是这个意思。	35
我不赞成！	69
我这么认为。	32
我不知道，也不想知道。	86
我打错了。	164
我对你一见钟情。	148
我非常喜欢你。	145
我刚才说了吗？	34
我跟你不合适。	146
我还是第一次听说。	85
我好紧张哦。	78
我好像在哪儿见过你。	172
我好幸福哦。	143
我很想见你。	144
我交代。	9
我今天真走运！	81
我尽力吧。	163
我看没必要。	77
我可没那么说。	31
我满脑子都是你。	148
我没放在心上。	102
我没心情。	44
我们扯平了。	182
我们还能再见面吗？	151
我们结婚吧。	144
我们今天AA制吧。	61
我哪一点对不起你啊？	155
我请客。	42
我去解释。	163
我认输。	10
我什么地方不如她？	153
我是认真的。	77
我受够了！	110
我说的是你。	26
我说东你就西。	191
我听你的。	18
我无法接受。	73
我想可能是吧。	31
我想起来了！	72
我想是吧。	13
我想也是。	18
我要同样的。	54
我要走了。	45
我一定会让你幸福。	154
我一个人决定不了。	172
我一直都在关注你。	155
我已经听腻了。	117
我永远都为你。	145
我有话要说。	24
我又说错了。	26
我这还不是为你好。	140
我真服了。	97
我正想着呢。	23
我只是跟你私下说说。	86
我只是说说而已。	36
无聊。	106
无所谓。	10

X

希望别这样。	74
下不为例。	128
下次什么时候见啊？	151
吓得腿直哆嗦。	83
吓我一大跳。	78
先上米饭。	43

现在说的不是假话吧?	36	又不是小孩子。	117	真够朋友。	44
羡慕吧。	67	又来了!	108	真挤。	39
相当好。	89	郁闷。	64	真可爱。	91
相对而言。	175	原来如此。	179	真抠门儿!	109
相信我。	142	原来是这样啊。	33	真令人怀念。	79
想和你永远在一起。	154			真令人失望。	79
想你想得不行了。	150	**Z**		真没劲。	108
消息真灵通。	99	再加点儿水吧。	57	真没想到这一招。	191
小菜一碟。	177	在这儿停一下。	56	真没意思。	110
心急吃不了热豆腐。	193	咱们下次再聊吧。	59	真没用!	107
心有灵犀一点通。	190	糟了!	64	真没有时间概念。	59
信不信由你。	30	糟透了!	109	真难为你了。	166
幸灾乐祸。	176	早知如此,何必当初。	194	真偏心眼儿!	113
		怎么会没事儿呢?	85	真扫兴。	68
Y		怎样你才能原谅我呢?	156	真是吹牛不上税。	188
压力太大。	71	这边请。	158	真是个好点子!	103
要是那样就好了。	84	这不合情理啊。	184	真是有缘。	93
一,二,三,茄子!	50	这不是关键的。	171	真体贴人。	95
一般般吧。	14	这才像话嘛。	182	真头疼。	66
一般来说。	162	这附近有 ATM 吗?	60	真想不到。	70
一步一步来吧。	101	这个不好说。	25	真有人缘儿。	95
一点儿都不懂。	80	这个如何?	48	正经点儿。	125
一分钱,一分货。	186	这还用问哪。	25	知道了。	9
一言为定。	45	这可不是开玩笑。	35	中看不中用。	115
一一过问。	110	这可是你说的啊。	138	祝你好运!	94
已经过期了。	49	这么大方啊!	49	祝你玩儿得开心。	58
以后该怎么称呼您?	172	这人真讨厌。	114	抓紧时间!	128
应该是吧。	13	这事儿不好办。	83	自认倒霉吧。	181
英雄所见略同。	186	这事儿真难办。	168	自私鬼。	109
优惠一点儿吧。	55	这事谁也说不准。	189	自作自受。	179
有点不对劲儿。	81	这是两回事。	74	总而言之。	174
有话好好儿说。	32	这是怎么回事?	34	总会有办法。	96
有话直说!	20	这太离谱了。	79	最好快一点儿。	169
有忌口的吗?	52	这下可好了。	167	最近怎么样?	166
有空位吗?	49	这也太奇怪了。	81	坐过站了。	47
有钱好办事。	181	这周末你有空吗?	58	做个好梦。	45
有什么好处吗?	33	真聪明!	90	做梦!	107
有时间再聊吧。	169	真倒霉!	67	做我的女朋友,好吗?	151
有我呢。	142	真的?	4		
有眼光。	90	真的很方便。	98		

INDEX 日本語索引

あ
ああ言えば、こう言う。	191
相変わらずだね。	139
会いたいよ。	144
会いたくてたまらない。	150
あきらめなさい。	181
あきらめなよ。	124, 136
明日にしませんか？	170
足ひっぱるな。	137
頭いいね。	102
当ててごらん。	12
あとで携帯に電話するね。	57
あとでね。	19, 27
あとで報告してください。	170
あなたのおかげです。	165
あなたのためだよ。	140
あら探しをする。	178
案するより産むが易し。	187
あんまり流行ってないよ。	51

い
いいところに来たね。	13
いいなあ。	94
いいにおい。	41
いいよ。	2
いいわけないじゃないですか。	160
言うことないくらい最高！	98
言うとおりにするよ。	18
言うとおりにすれば間違いない。	77
言うべきことなんてないよ。	82
いえいえ。	20
以心伝心だね。	190
急いで！	40, 128
急がば回れだよ。	193
いちいち聞く。	110
いちいち気にしないで。	104
一生のお願いです。	82
言ったよね？	36
言ってくれなきゃわからないでしょ？	140
言ってみただけ。	30
一歩一歩ゆっくりやろう。	101
いつも君のこと気にかけてたんだよ。	155
いつもではないよ。	31
今すぐ。	3
今のは嘘じゃないよね？	36
今の話、聞いたからね。	138
いりますか？	162
いりません。	7
言わなくてもわかるよ。	85

う
浮き沈みが激しい。	195
受け入れられない。	73
嘘じゃないよ。	68
嘘ついてもばちはあたらないよね。	188
嘘つき。	106
うぬぼれるな。	132
裏表がある。	176
うらやましいでしょ。	67
うらやましいなあ。	94
うるさいなあ。	122
浮気してるんじゃないの？	147
噂をすれば影。	186

え
永遠に君を愛するよ。	145
駅にはどう行きますか？	55
えこひいきだ！	113
えらいね。	89
偉い人が考えることは似るんだよ。	186
縁起でもないこと言わないで。	131

お
おいしそう。	41
OK！	2
オーダーお願いします。	38
大目に見てください。	164
おかしいなあ。	66
おかしなこと考えないで。	126
おかまいなく。	166
お変わりないですね。	168
お勘定お願いします。	38
お聞きしたいのですが。	16
おごるよ。	42
お世話かけました。	167
遅かれ早かれわかるよ。	189
おそらく。	10
お互いね。	21
お手上げだよ。	10
お天道様が意地悪する。	182
おとなしくなさい。	124
おともできませんが。	167
同じのをください。	54
お話してて。	19
お話にならない。	114
お久しぶりです。	161
お目が高い。	90
思い出した！	72
思い出したら言うね。	86
思いもよらなかった。	70
おもしろい。	91
おもしろいね。	96
おやすみなさい。	45
終わった。	65
終わらないね。	176
お安いご用です。	177
お許しください。	70
お湯を足してください。	57

か
カード払いできますか？	48
鍵閉めるの忘れないでよ。	130
かけ間違えました。	164
かけようか？	50
賢いなあ！	90
肩がこってしかたない。	60
がっかりしないで。	91
カッコつけるな。	133
家庭の事情は複雑だね。	192
必ず会おうね。	46
かなりいいですよ。	89
かまわないで。	122
我慢できない。	110
神様に免じて。	194
紙ナプキンください。	62
彼にかまうな。	127
彼のどこが僕よりいいの？	153
彼は大酒飲みだよ。	52
彼は彼、君は君。	102
彼は君に気があるみたいだよ。	152
彼を狙ってるんじゃない？	150
かわいいね。	91, 96
考えさせて。	69
考えすぎだよ。	99, 104
考えてるところだよ。	23
感謝にたえません。	165
感心するね。	94
乾杯！	39
頑張ってみます。	163
頑張ってよ。	97

完璧な人はいないよ。 177

き
聞いてなさい。 5
聞いてる？ 17
気が重いよ。 64
気が利く。 95
聞かせてちょうだい。 29
聞かなかったことに
　すればいい。 189
奇遇だね。 93
聞くまでもないよ。 25
聞けばややこしいね。 84
期限切れだよ。 49
きっと幸せにするよ。 154
きっと何とかなるよ。 96
気にしちゃだめ。 104
気にしてませんよ。 102
気にしないよ。 10, 92
気乗りしない。 44
君とは合わない。 146
君に一目ぼれしたんだ。 148
君に間違いない。 183
君のこと言ってるんだよ。 26
君のことで、頭がいっぱい。
 148
君のこと忘れないよ。 146
君の番だよ。 41
君はどう思う？ 17
君も同じだ。 18
今日はついてるなあ。 81
今日は割り勘にしよう。 61
教養がないな。 108
きれいだね。 90
気をつけて！ 122
気をつけてね。 88

く
ぐずぐずするな。 125
口ばっかり。 113
比べて言うと。 175

け
携帯が圏外だ。 56
携帯の電源がなくなっ
　ちゃう。 56
けち！ 109
けっこうです。 7, 159
結婚しよう。 144
喧嘩するのは仲がいいから
　だよ。 156
元気出して！ 99

こ
幸運を祈る。 94
後悔するよ。 75
降参するよ。 10
ご遠慮なく。 159
誤解なきよう。 130
ご寛恕ください。 164
ここだけの話だよ。 86
ここで止めてください。 56
ご愁傷様です。 183
ご足労いただきまして。 167
こちらへどうぞ。 158
言葉に気をつけなさい。 134
子供じゃあるまいし。 117
ご飯を先に出してください。
 43
ごめん。 39
これ以上言う必要ないでしょ。
 26
これ気に入った？ 51
これでチャラね。 182
これで良くなりました。 167
これはどう？ 48
これ戻しておいて。 171
これも変だよ。 81
怖いんでしょ。 42
今後はどうお呼びしましょう。
 172
今週末時間ある？ 58

さ
最悪！ 109
最近どうですか？ 166
最低！ 107
先に行ってて、すぐ行くから。
 62
先はまだ長いですから。 183
さっき言ったっけ？ 34
さっきどこまで話したっけ？
 35
さっぱり忘れなよ。 101
ざまあみろ。 106
散財させてしまいました。 52
残念。 68

し
し〜らない。 180
時間になりました。 42
時間にルーズだよね。 59
時間を無駄にするな。 135
自業自得だよ。 179
地獄の沙汰も金次第。 181
自己中だね。 109

静かにして。 127
知ったかぶりするな。 131
知ってるはずないでしょ。 185
失敗は成功のもと。 190
失敗を経験して賢くなる。 187
失礼します。 158
実を言うと。 29
しまった！ 64
じゃあ、そうしよう。 55
じゃそういうことで。 25
十分です。 40
しょうがないね。 8
常識からかけ離れている。 79
冗談言わないでよ。 133
冗談で言ってるんじゃない
　よね。 35
承知しました。 9
情報通だね。 99
しらけちゃう。 68
知らないし、知りたくもない。
 86
じれったいなあ。 112
信じて。 142
信じられない。 174
信じるかどうかは君次第だ
　けど。 30
心配しないで。 92

す
好きでも嫌いでもない。 83
好きにしたらいい。 21
すぐ行きます。 40
すごい！ 89
すごい混んでる。 39
すごいね。 89
すごくつまらない。 115
ずっと一緒にいたい。 154
すばらしいね。 90, 95
すみません。 16
ずるいよね。 112

せ
正解！ 12
席は空いてますか？ 49
せっかちだなあ。 118
絶対ありえない。 71
絶対私みたいになっちゃ
　だめだよ。 130
全然 OK だよ。 24

そ
そういう意味じゃないんです。
 35

そうしよう。	16		138	**つ**	
そうだったらいいのにな。	84	そんなに気安く言わないで。		ついでに言っとくけど。	28
そうだったんだ。	179		138	使えないやつだな。	115
そうだね。	13	そんなにやきもち妬かないで。		疲れた〜。	65
そうだよね。	6		149	付き合ってくれませんか?	151
そうでなくては。	182	そんな風に言わないで。	128	次いつ会おうか。	151
そうでもないよ。	11	そんなわけないでしょ。	6	次はないからね。	128
そうとは限らないよ。	15	そんなわけないよ。	7	つまらないよ。	108
そうなの?	3	そんなんじゃないんです。	27	つまんなーい。	106
そうならないといいな。	74	**た**		つらいときは僕のことを	
そうなんだよ。	2	大丈夫。	6, 7	思い出してね。	152
そうなんですよ。	6	大丈夫だよ。	92	**て**	
そうは言ってないよ。	31	大丈夫なわけないよ。	85	デートに誘ってもいい?	148
そうは思わないよ。	32	大好きだよ。	145	適当に見てるだけです。	48
そこは重要じゃないんです。		だいたいいつぐらいですか?		できましたか?	168
	171		170	できれば急いで。	169
そのうち良くなるよ。	97	大胆にやりなさい。	101	でたらめ言うな。	123
そのことは言わないで。	137	大変ですね。	166	手伝ってくれますか?	73
その手を使ってくるとは。	191	高望みだよね。	193	手短に。	162
そのときが来たらわかるよ。		たくさん食べて。	43	天命に任せるよ。	181
	192	助けて!	124	電話がつながらない。	53
そのはずだけど。	13	正しいとは限らないよ。	75	**と**	
それが違うの。	15	タダでもいらない。	190	どういう風の吹きまわし?	192
それがどうしたって言うんだ。		だったら安心した。	75	どう思う?	9
	21	楽しんでね。	58	どうしたら許してくれるの?	
それから?	11	たぶんそうだと思う。	31		156
それこそが友達だよね。	44	たぶんね。	10	どうしたんですか?	34
それで自分はどうなの?	139	食べれることが幸せだよね。		どうして知ってるの?	27
それとこれは違うんです。			53	どうしてそんなにわからず	
	74	騙されないで。	129	やなの!	120
それならいいね。	5	だまりなさい。	122	どうして早く言わないんだ。	
それなりの価値がある。	186	だめなものありますか?	52		135
それはありえない。	79	だめなものはだめ。	136	どうして私じゃないとだめ	
それは情理に合わないね。	184	だめならまたそのときに。	163	なの?	188
それは信じがたい。	174	誰に聞いたの?	28	どうして私なの?	74
それはだめです。	160	誰にも言っちゃだめだよ。	80	どうしようもないね。	8
それは誰にもはっきり言え		**ち**		どうするつもり?	34
ない。	189	近くに ATM ありますか?	60	どうぞお好きに。	158
それは何とも言えない。	25	ちっともわからない。	80	どうりで。	4
それは難しいな。	83	チャンスはたくさんあるよ。		遠回りしないでよ。	60
それは名案だね。	103		100	どきどきする。	78
それはめずらしい!	195	ちゃんとやってよ	97	どこが彼女に及ばないの?	153
それは厄介だね。	168	中途半端はだめ。	135	どこかでお会いしたと思う	
それは私とは関係ない。	185	ちょうど良かった。	8	のですが。	172
それほどでもない。	14	ちょっと言ってみただけ。	36	どこから沸いて出てきたの?	
それほど変ではないよ。	177	ちょっと来て。	15		61
それもそうだね。	16	ちょっとしたことで驚か		とっても緊張する。	78
それも違うの。	22	ないで。	134	とぼけないで!	126
そんなこと聞いてどうするの?		ちょっと変だな。	81	とんでもない。	20
	32	ちょっと私にやらせて。	76	どんな感じですか?	54
そんなに大げさにしないで		沈黙は金だよ。	175	どんな男性がタイプ?	155
くれる?	140				
そんなに簡単に言わないで。					

な

ナイス！	38
仲がいいね。	150
泣くことしか知らないの？	113
懐かしいなあ。	78
なに？	3
何焦ってるの？	127
何いい気になってるの。	136
何うれしそうにしてるの？	22
何が起きたの？	28
何か隠してない？	154
何か利点はあるの？	33
何こそこそやってんの？	61
何その言い方？	119
何とぼけてるの？	133
何も言わなかったことにする。	194
何もたいしたことないよ。	118
何を注文しますか。	54
なるほどね。	179
なるようになる。	178
なんだそうだったんだ。	33
何だったっけ？	20
何で今頃来たの？	119
何でここにいるの？	119
何でそんなにかっこいいの？	149
何でまだそうなの！	137
何でもいいよ。	10, 53
何でも言ってください。	159
何でも鵜呑みにしちゃだめだよ。	139
何のつもり？	29

に

似たもの同士だね。	178

ね

ね、聞いた？	24
寝ぼけたこと言って！	107

の

乗り過ごしちゃった。	47

は

はい、これ。	2
はい、チーズ！	50
馬鹿なことはやめて。	125
白状するよ。	9
はしゃがないの。	124
初耳だよ。	85
話があるならちゃんと言って。	32
話があるならはっきり言って。	20
話があるんだけど。	24
話してごらん。	19
離してよ。	123
話を変えないで。	129
離れないで。	144
早く知っていたら、そうしなかったのに。	194

ひ

ヒーローぶるな。	133
びっくりしたぁ。	78
びっくりして足がガタガタしてる。	83
ぴったりだね。	98
必要ないと思います。	77
ひどいねえ。	111
ひどすぎるよ。	116
人違いでしょう。	169
人の不幸を喜ぶ。	176
人を馬鹿にするんじゃない。	131
びびった？	42
百聞は一見に如かず。	188
評判どおりだね。	184
日を改めてまた。	165
ピンポーン！	12

ふ

不吉なこと言うね。	116
ふざけないで。	125
不思議だ。	66
二股だよ。	143
普通だよ。	14
普通は。	162
太っ腹だね。	49
振られちゃった。	143
古臭いね。	111
プレッシャーが大きすぎて。	71
ふんだりけったりだね。	175

へ

平常心を保って。	100
別に。	5
減らず口だなあ。	111
減るもんじゃなし。	120
弁明します。	163

ほ

ほかの話しようよ。	72
僕がいるよ。	142
墓穴をほるな。	180
ほっといてよ。	122
ほっとけないんだよ。	79
ほめすぎですよ。	8
ぼられたね。	46
ほんと、頭が痛い。	66
本当に？	4
本当に嫌な人！	114
本当におもしろくない。	110
本当にがっかり。	79
本当に我慢できない。	118
本当にご迷惑おかけします。	171
本当についてない。	67
本当に使えないなあ。	107
本当に弁が立つね。	103
本当に便利だね。	98
本当のところは。	174
ほんと、感心する。	97
ほんとに。	2

ま

まあ、いけるよ。	43
まあまあだよ。	14
まあやってみたら。	96
前は前、今は今。	185
任せてください。	164
まさか。	7, 17
まさか私のことが好きなの？	147
まじめにやってよ。	125
ますますだね。	71
また会えるかな。	151
また言い間違えました。	26
また今度話そうね。	59
また時間を見つけて話しましょう。	169
またそれか。	108
まだだめだね。	69
まだ私のこと覚えてる？	146
また悪い癖が出たよ。	120
間違えっこないから。	93
間違ってるよ。	129
全くかけ離れているよ。	195
全くかまわないよ。	24
間に合いません。	161

み

見送りはけっこうです。	160
見くびるなよ。	70
みずくさいなあ。	68
みっともないね。	117
見てくれだけだね。	115

身の程をわきまえない。 179
みんなに好かれてるんだね。
　　　　　　　　　　　95
みんな待ってるよ。 58
無責任だね。 134
無駄骨折った。 67
無理しないで。 93

め
メーターちゃんと倒して
　くれた？ 47

も
もういいよ。 66
もう行くね。 45
もう一度やりなおそう。 152
もう一回やってごらん。 88
もう言わなくていいよ。 33
もう聞きあきたよ。 117
もう少し寝かせてよ。 57
もうやるだけやったじゃない。
　　　　　　　　　　103
も～幸せ。 143
もし私が君だったら。 80
持ってって。 44

や
約束ね。 45
約束破った！ 134
優しいね。 95

安くしてよ。 55
やすやすとあきらめないで。
　　　　　　　　　　132
やだ〜。 65
やっぱすごいね。 100
やっぱタクシーで行こう。 51
やっぱり間違いなかった。 23
やめてください。 123
やめよう。 66

ゆ
Uターンしてくれますか？ 47
譲ってください。 50
ゆっくり考えるよ。 73
夢見てるみたい。 84

よ
要するに。 174
よく言ったよね。 103
よく考えてから行動する。 180
余計なことはしないほうが
　いい。 193
よろしくお願いします。 161

り
両替できる？ 59
リラックス、リラックス。 88

れ
礼儀がない。 114

わ
わかってくれてうれしい。 72
わかりました。 9
別れましょう。 142
わけのわからないこと
　言わないで。 184
わざとらしい。 112
忘れることはない。 76
私が説明します。 163
私には関係ない。 82
私のこと嫌いになった？ 145
私のこと、どう思う？ 149
私の知ったことじゃないよ。
　　　　　　　　　　180
私のせいなの？ 76
私のどこが好き？ 153
私のどこが悪いの？ 155
私は反対です。 69
私はまじめだよ。 77
私一人では決められません。
　　　　　　　　　　172
私も入れて。 46
私もそう思う。 18
私を騙せないよ。 132
割引はありますか。 41

INDEX　205

〈著者紹介〉
中西千香（なかにし・ちか）
金沢市生まれ。02～03年北京語言大学留学。愛知大学大学院中国研究科博士後期課程修了。98年より中国語教育に従事、高校や大学、孔子学院、市民講座などで中国語を教える。愛知淑徳大学外国語教育センター常勤講師、愛知県立大学外国語学部中国学科准教授を経て、2022年より立命館大学法学部教授。博士（中国研究）。専攻分野は中国語学、中国語教育学。とくに現代中国語における前置詞の機能の研究、中国語教育におけるIT、レアリア教材の活用に取り組んでいる。著書に『Eメールの中国語』（白水社）、『どんどん話せる中国語 作文トレーニング』（三修社）などがある。

気持ちが伝わる！中国語リアルフレーズBOOK

2009年6月1日　初版発行
2024年7月12日　10刷発行

著者
中西千香（なかにし ちか）
© Chika Nakanishi, 2009

発行者
吉田尚志

発行所
株式会社　研究社
〒102-8152　東京都千代田区富士見2-11-3
電話　営業(03)3288-7777(代)　編集(03)3288-7711(代)
振替　00150-9-26710
https://www.kenkyusha.co.jp/

印刷所
TOPPANクロレ株式会社

装丁／中扉デザイン
清水良洋／佐野佳子（Malpu Design）

表紙・中扉イラスト
トヨクラタケル

本文デザイン
株式会社インフォルム

KENKYUSHA
〈検印省略〉

ISBN 978-4-327-39416-5　C0087　　Printed in Japan